일계인 디아스포라의 초국가성과 다중정체성

저자

임영언 한남대학교 사회적 경제지원단 교수, 경제사회학 박사

임채완 전남대학교 세계한상문화연구단 전 단장, 전남대학교 정치외교학과 명예교수, 정치사회학 박사

Ajay K. Dubey Professor, School of International Studies Jawaharlal Nehru University

Uzi Rebhun Professor of Israel-Diaspora Relations Hebrew University

전남대학교 세계한상문화연구 6차 총서 06

일계인 디아스포라의 초국가성과 다중정체성

2019년 6월 25일 초판 인쇄
2019년 6월 30일 초판 발행

지은이 | 임영언 · 임채완 · Ajay K. Dubey · Uzi Rebhun
펴낸이 | 이찬규
펴낸곳 | 북코리아
등록번호 | 제03-01240호
주소 | 462-807 경기도 성남시 중원구 사기막골로 45번길 14
우림 2차 A동 1007호
전화 | 02-704-7840
팩스 | 02-704-7848
이메일 | sunhaksa@korea.com
홈페이지 | www.북코리아.kr
ISBN | 978-89-6324-610-9 (93300)
978-89-6324-557-7 (세트)

값 15,000원

• 이 저서는 2016년 대한민국 교육부와 한국연구재단의 지원을 받아 수행된 연구임 (NRF-2016S1A5B8925665).
This work was supported by the Ministry of Education of the Republic of Korea and the National Research Foundation of Korea (NRF-2016S1A5B8925665).

전남대학교 세계한상문화연구 6차 총서 06

일계인 디아스포라의 초국가성과 다중정체성

Japanese Diaspora: Transnational and Multiple Identity

임영언 · 임채완 · Ajay K. Dubey · Uzi Rebhun

북코리아

| 총서를 펴내며 |

이 총서는 전남대학교 세계한상문화연구단이 2010년도 한국연구재단 대학중점연구소지원사업으로 선정된 "민족분산과 지구적 소통으로서 디아스포라 연구"라는 연구과제 중 제2단계 연구주제인 "동북아 디아스포라의 초국가적 성격"이라는 3년간의 연구과제 중 제2차년도에 해당되는 내용으로 1년간 수행한 연구결과물을 엮어 책으로 출간한 것이다. 향후 연구단 중점연구는 계속해서 제2단계 3년간 "동북아시아 디아스포라의 초국가적 성격", 제3단계 3년간 "디아스포라 공동체와 지구적 소통"이라는 주제로 총 9년간에 걸쳐 수행되며 연구결과물은 매년 총서로 출판될 예정이다.

본 연구단이 수행하고 있는 중점연구 제2단계의 연구목표는 한국, 중국, 일본 등 동북아 이산민족들의 현지적응과 정착기제를 초국가적인 관점에서 비교하여 이들 국가에서 발생한 이산민족의 보편성과 특수성을 규명하는 데 있다. 이론적으로는 베르브너(Werbner)가 정의한 '디아스포라의 위치(Place of Diaspora)' 개념과 초국가주의(Transnationalism)의 개념을 원용하여 탈영토적 '경계(Border)'에 걸쳐 사는 이주민들의 초국가적인 삶을 재해석하는데 있다. 또한 글로벌 동북아 디아스포라가 거주국에 정착하는 과정에서 마주하게 되는 '물리적 경계(Boundary)'가 어떤 방식으로 그들을 타자화 시키고 심리적 경계로 고착화시켜 왔는지, 그리고 모국에 대한 디아스포라들의 상상력은 어떻게 형상화되었고 다중정체성(Multiple-Identity)을 발현시켰는지에 대해 밝히는 데 있다.

구체적으로 제2단계 3년간 수행될 연구내용을 살펴보면, 제1년차에는 동북아 이산민족(해외 한인, 화인, 일계인)의 현지적응과 정착기제를 연구하였다.

모국을 떠난 동북아 디아스포라들이 이주지에서 현지사회로부터 경험한 배제와 타자화의 기제에 대하여 구체적인 사례와 자료수집을 통해 규명하였다. 또한 동북아 디아스포라 이주자들이 어떻게 현지에 적응했는지에 대한 현지적응 기제(Mechanism)를 밝히고 있다. 제2년차에는 해외 한인, 화인, 일계인의 다중정체성과 모국과의 연계성을 비교 연구하는 작업을 수행하였다. 본 연구과제를 수행하기 위해 모국에 대한 동북아 디아스포라의 송금, 모국에 거주하는 가족 내지 친척과의 교류와 방문정도, 모국에 대한 기대와 희망 등을 심층 조사하였다. 그리고 도상학(Iconography)적 관점에서 동북아 디아스포라가 갖는 '모국신화'와 '상징'기제를 조사하여 모국에 대한 기억장치가 어떻게 각인되었고, 실제로 어떻게 작용하였는지에 대하여 분석하였다. 연구과정에서 발굴한 자료들을 가공하여 문화콘텐츠로 개발하였다. 제3년차는 동북아 디아스포라의 사례를 통해 동북아 이산민족의 초국가적 성격의 비교연구를 수행할 것이다. 먼저 연구 수행을 위해 동북아 민족분산을 유형별(Typology)로 분류하고 이주의 보편성과 특수성을 개념화하는 이론 작업을 시도할 것이다. 또한 동북아 각국에서 국제이주를 유발하는 배출요인(PUSH Factor)과 이주를 수용하는 흡인요인(PULL Factor)이 무엇인지를 비교 연구할 것이다. 이러한 연구를 통해 궁극적으로 동북아 디아스포라의 초국가적 성격을 도출해 낼 것이며 동북아 3국간의 민족분산의 유의미한 차이점을 도출하고 이를 민류학적인 개념의 틀로 분석할 것이다. 2단계 3년간의 연구성과는 아카이브 작업을 통해 '디아스포라 문화자원 DB'로 구축하여 후속연구에 유용한 자료를 제공할 것이다.

연구단은 지금까지 5차총서로서 제1단계 제1차년도 연구총서로 『코리안 디아스포라 이주루트와 기억』, 『화인 디아스포라의 이주루트와 기억』, 『일계인 디아스포라: 초국적 이주루트와 글로벌네트워크』 등 총 3권으로 출판하였다. 제2차년도 연구총서는 『코리안 디아스포라의 집단적 기억과 재영토화』, 『화교 디아스포라의 집단적 기억과 재영토화』, 『일계인 디아스포라의 초국적 공간 이동과 재영토화』등 총 3권으로 출간하였다. 제3차년도 연구총서는 『코리안 디아스포라의 혼종성과 문화영토』, 『화교 디아스포라의 혼종성과 문화영토』, 『일계인 디아스포라의 혼종성과 문화영토』 등 총 3권으로 출판하였다. 이상과 같이 제1단계 3년간의 연구총서는 연구단 5차총서로서 총 9권으로 출간하였다.

2단계 1차년도의 연구총서는 『코리안 디아스포라의 현지적응과 정착기제』, 『화인 디아스포라의 현지적응과 정착기제』, 『일계인 디아스포라의 문화적응과 정착기제』 등 총 3권으로 출간되었다. 이번에 출간하게 될 2단계 2차년도의 연구총서는 『코리안 디아스포라의 다중정체성과 모국관계』, 『화인 디아스포라의 다중정체성과 모국관계』, 『일계인 디아스포라의 초국가성과 다중정체성』 등 총 3권으로 출간되며 향후 1년간 6차총서로서 총 9권으로 출간될 예정이다.

중점연구 제2단계 제2차년도는 "해외 한인, 화인, 일계인의 다중정체성(Multi-Identity)과 초국가성(Transnationality) 탐구"라는 주제로 비교 연구를 수행하였다. 본 연구소는 중점연구 제1팀(해외한인 연구팀), 중점연구 제2팀(해외화인 연구팀), 중점연구 제3팀(해외일계인 연구팀) 등 3개 팀으로 구성하여 한·중·일 3국을 중심으로 동북아 디아스포라의 새로운 정착지에서의 다중정체성과 초국가성을 비교 분석하였다.

연구방법은 한인, 화인, 일계인의 3개국 사례연구팀을 구성하여 이들 해당지역에 대한 현지조사를 통한 심층면접과 참여관찰을 진행하였다. 또한 이들 동북아 이산집단의 경험을 비교적 온전히 증언할 수 있는 면담자를 선정하여 이주민의 다중정체성과 초국가성에 대한 구술자료를 수집하고 이를 채록하여 연구자료로 활용하였다. 이 연구는 먼저 국내에서 문헌연구를 바탕으로 현지 설문조사와 면접조사를 실시하였다. 해외지역으로는 중국, 일본 및 동남아 화교권 국가인 싱가포르, 말레이시아, 그리고 국내지역으로는 인천과 부산 차이나타운 서울동부이촌동 일본인타운, 경기도 오산과 충남

천안의 고려인 집거지, 광주시 광산구 월곡동 고려인마을 등을 방문하여 현지조사를 실시하였다. 중점연구의 세부팀별 연구성과 및 자료수집 현황은 다음과 같다.

해외한인팀은 2단계 2차년도 연구과제인 "해외한인의 다중정체성과 초국가성"을 분석하기 위해 문헌연구, 현지방문조사, 설문조사, 면접조사를 실시했다. 문헌연구는 중국조선족, 재일코리안, CIS 고려인 등을 대상으로 해외한인의 의식주생활, 정체성, 그리고 모국에 대한 기억 및 상징기제에 관한 선행연구(논문, 단행본)를 검토했다. 현지방문조사는 CIS지역 카자흐스탄을 방문하여 고려인의 의식주 생활, 모국에 대한 기억 및 신화, 모국 상징기제 등에 관한 기초 자료 수집과 설문조사, 면접조사 등을 진행했다. 또한, 중국조선족과 재일코리안의 의식주생활, 모국에 대한 기억 및 신화, 모국 상징기제에 관한 조사는 현지 협력연구원(중국 연변대 김홍매 교수, 성공회 오사카 이쿠노쿠센터 오광현 총간사)을 활용하여 기초자료 수집과 설문조사를 실시했다.

해외한인팀은 극동의 한인들이 1937년 9월 스탈린의 강제이주 정책으로 중앙아시아 강제이주의 첫 정착지였던 우슈토베를 방문하여 고려인의 생활상을 살펴보았다. 이 중 우슈토베에서 조금 떨어진 바스튜베에 있는 토굴 터와 공동묘지를 방문하였다. 카자흐스탄 고려인들의 식생활을 살펴보면 한민족 전통음식인 김치와 반찬, 그리고 장류(된장, 고추장) 등을 일상생활에서 즐겨 먹고 있었다. 카자흐스탄은 130여 개 소수민족으로 구성되어 있는 만큼 다양한 음식문화를 가지고 있어 고려인 또한 이들의 음식문화를 적극 수용하여 즐기고 있었다.

카자흐스탄 고려인들의 현지사회 적응, 모국에 대한 기억과 상징기제, 그리고 모국에 대한 인식 등과 관련된 면접조사를 수행하여 총 18건의 구술자료를 수집하였다. 수집내용은 다음과 같다. 첫째, 카자흐스탄 고려인들의 현지사회 적응 및 차별에 대한 내용이다. 현재 고려인사회에서 대두되고 있는 현상 중 주목할 점은 젊은 고려인들의 고려말 사용, 민족문화 및 풍습 등이 거의 상실되어 가고 있다는 것이다. 특히 젊은 층이 고려말을 거의 구사하지 못하는 것이 가장 큰 문제로 지적되고 있다. 고려인들의 거주국사회에서의 구성원간의 교류 및 소통은 전반적으로 활발히 이루어지고 있는 것으로 나타났다. 고려인들은 거주국사회의 문화를 적극적으로 수용할 뿐만 아니라 고려인의 전통 문화를 중시하는, 이른바 통합전략을 취하고 있었다. 현재 카자흐스탄은 1991년 독립한 이래 '카자흐어'를 국어로 지정하는 등 민족주의를 강조하면서 카자흐화정책으로 고려인들이 취업하는 데 차별을 경험하고 있는 것으로 나타났다. 둘째, 고려인의 모국에 대한 기억 및 상징기제 관련 내용이다. CIS지역 고려인들은 1937년 스탈린의 강제이주 정책으로 중앙아시아로 이주 당했고, 1953년까지는 강력한 민족주의 정책으로 모국어를 상실하거나 전통문화를 상실하는, 이른바 민족성 상실의 시대를 살았다. 그럼에도 불구하고 고려인들은 의식주, 돌, 설날, 한식, 결혼, 환갑, 장례 등 한민족의 전통문화를 유지하고 있다. 아울러 150년의 이산의 역사에서 모국을 기억하고 그리워하는 의식이 고려인사회 곳곳에 아직까지 남아 있다.

고려인의 모국에 대한 인식과 관련하여 CIS지역 고려인들은 소련해체와 한소수교가 이루어진 1990년대 초반 한국에 대한 관심이 높아지기 시작했으며, 일부 고려인들의 경우는 한국을 방문하기도 했다. 소련해체 이후 카자흐스탄이 독립국가를 선포하면서 고려인은 민족문화단체(알마티 고려문화중앙회)를 결성하였으며, 우리말 교육(한글학교 운영 등)에 대한 관심도 높아지기 시작했다. 특히 최근에는 한류 붐으로 고려인의 젊은 세대들이 한국 문화에 대한 관심이 높아지고, 한국 방문을 희망하는 사례가 증가하고 있다.

중국조선족의 의식주 생활, 정체성, 모국사회 인식에 대한 설문조사는 중국 연변대학 김홍매 교수의 협력을 통해 연변조선족자치주(연길, 화룡, 용정, 도문, 돈화, 훈춘, 안도, 왕청 등)에 거주하고 있는 조선족을 대상으로 실시하여 264부를 회수했다. 재일코리안의 의식주 생활, 정체성, 모국사회 인식에 대한 설문조사는 성공회 오사카 이쿠노쿠센터 오광현 총간사의 협력을 통해 오사카

거주 재일코리안을 대상으로 실시하였다.

해외화인팀은 제2단계 제2차년도 연구과제 '해외 화인의 다중정체성과 초국가성'을 수행하기 위하여 문헌연구와 더불어 현지조사, 설문조사를 진행하였다. 문헌연구는 해외 화인의 다중정체성, 초국가성, 모국관계에 관한 다양한 선행연구를 수집하여 체계적으로 검토하였다. 현지조사는 2015년 2월 2일부터 12일까지 일본에서도 화인 디아스포라들이 가장 밀집되어 있는 도쿄, 요코하마, 오사카, 고베를 방문하여 기초자료 수집과 설문조사, 인터뷰 등을 진행하였다. 설문조사는 화인 디아스포라와 밀접한 연관이 있는 일본 현지 조력자(요고하마화교총회 사무국장 자루워이, 고베화교회관 사무국장 스펑)를 통해 진행하였다.

해외화인팀은 구술조사와 설문조사를 병행하여 화인 디아스포라의 다중정체성 및 초국가성을 탐구하였다. 구체적으로 모국을 떠난 화인 디아스포라들이 거주국에서 어떠한 모국신화를 창조하였고, 모국과 거주국 사이에 "끼어 있는" 존재로서 어떠한 정체성을 형성하고 있으며, 모국과의 관계를 어떻게 유지하고 발전시켜 왔는지를 파악하기 위하여 구술조사와 설문조사를 동시에 진행하였다.

구술조사는 일본에 정착한 화인 디아스포라를 대상으로 진행하였다. 일본 도쿄 · 요코하마 · 오사카 · 고베 지역에서 총 16건의 녹취자료를 확보하였다. 구술조사에 참여한 연구대상자는 화상, 화인 전문가, 그리고 화교학교 · 화교단체 · 화교신문 등 다양한 분야의 관계자로서 현지 화인 디아스포라 사회를 이해하는 데 대표성이 있는 인물로 구성되었다. 연구자는 구술조사 참여자에게 연구목적을 충분히 설명한 후 반구조화 된 설문지를 기초로 자유롭게 대화를 나누었다. 구체적으로 일본 화인 디아스포라의 현황과 의식주생활 실태, 다중정체성, 모국과의 관계 등에 초점을 맞추어 구술조사를 진행하였다. 조사과정에서 연구자는 구술내용뿐만 아니라, 참여자들의 반응과 표정, 조사가 끝나고 면접에서 느끼고 경험했던 내용을 메모하여 자료로 활용하였다. 또한 설문조사는 일본 화인 디아스포라와 밀접한 연관이 있는 현지 조력자를 통해 이루어졌다. 요코하마에서는 요고하마화교총회 사무국장을 담당하고 있는 장루워이(张如伟), 고베에서는 고베화교회관의 사무국장 스펑(石峰)을 통해 설문조사를 진행하였다. 설문조사는 2015년 2월 2일부터 5월 15일까지 진행되었으며, 총 200부를 배포하여 132를 회수하였다. 설문지는 화인 디아스포라 다중정체성 및 초국가성과 관련된 총 127개의 문항으로 구성되어 거주국에서의 생활실태와 정체성, 모국과의 관계를 충분히 반영하였다.

화인 디아스포라들이 거주국에서 형성한 모국신화, 모국에 대한 기억, 모국에 대한 상징과 기표가 그들의 생활터전에서 어떻게 구현되었는지를 파악하기 위해 일본 화인디아스포라들이 밀집 거주하고 있는 차이나타운을 방문하여 현지조사를 진행하였다. 일본에서 가장 대표적인 차이나타운은 요코하마의 쥬카가이(中华街) 차이나타운과 고베에 위치한 난킨마치(南京町) 차이나타운이다.

차이나타운은 화인 디아스포라가 집중적으로 거주하고 있는 공간으로, 화인 상가 · 식당 · 서점, 그리고 화인 명절이나 축제 때 찾아가는 사찰이 있을 뿐만 아니라, 주변에는 그들의 민족교육을 담당하고 있는 화교학교와 화인 네트워크를 구축하고 있는 화교협회도 설립되어 있다. 차이나타운에 거주하고 있는 일본 화인 디아스포라는 파이러우(牌楼), 중국식 건축물 등 시각적인 상징기제를 구축해 모국에 대한 기억을 유지하고 있을 뿐만 아니라, 사찰(寺庙)을 비롯한 종교적 상징기제, 사자춤(舞狮), 전통 무용, 축제 등 다양한 문화적 상징기제를 통해 모국과의 연계를 강화하고 있다. 차이나타운의 모국 신화와 상징기제는 다음과 같다.

첫 번째는 시각적 상징기제이다. 차이나타운에는 중국의 특징을 나타내는 파이러우(牌楼), 용 혹은 판다가 새겨진 중국식 건축을 쉽게 찾아볼 수 있다. 화인 디아스포라는 이러한 민족적 특징이 나타나는 중국식 건축물을 구축함으로써 모국에 대한 기억을 상징화하고 있다. 파이러우는 중국전통 건축문화를 대표하는 건축으로 주나라(周朝)부터 형성되어 지금까지 수천 년의 역사를 이어오고 있다. 요코하마 차이나타운에는 10개의 파이러우가 세워져 있으며, 고베 차이나타운에는 4개의 파이러우가 구축되어 있다.

두 번째는 종교적 상징기제이다. 일본 차이나타운에는 화인 디아스포라의 종교적 특징을 나타내는 사찰 관제묘(关帝庙)와 마주묘(妈祖庙)가 있다. 관제묘는 삼국시대 촉나라 장군 관우(关羽)를 기념하기 위한 사찰로 중국 전통문화사상에서 충의(忠义)와 용무(勇武)를 상징한다. 마주(妈祖)는 중국 연해지역에서 전승된 민간신앙으로, 마주묘는 화인들이 바다로 나간 상인이나 어민의 안전을 빌기 위해 찾아가는 사찰이다.

세 번째는 문화적 상징기제이다. 일본 특히 차이나타운에 정착하고 있는 화인 디아스포라는 능숙하게 중국어를 구사하고 있을 뿐만 아니라, 모국을 향한 민족정체성을 유지하고 있으며 그들만의 공동체를 구축하고 있다. 그들이 이러한 민족공동체를 형성할 수 있었던 원인 중의 하나가 바로 사자춤, 전통 무용, 명절 축제 등을 비롯한 문화적 상징기제를 구축하였기 때문이다. 요코하마와 고베의 차이나타운에는 중국 전통명절인 중추절(中秋节)과 춘절(春节) 때 정기적으로 축제를 개최하고 있다. 축제 때에는 중국 전통음식은 물론 사자춤이나 전통 무용을 선보여 그들만의 정체성을 강화하는 동시에 일본사회에 중국 문화를 홍보하기도 한다.

화인 디아스포라의 일본 이주는 진한(秦汉)시기부터 그 역사적 흔적을 찾아볼 수 있다. 대규모 이주는 1890년대부터 현재까지 꾸준히 이어져, 100여 년이라는 이주역사를 유지해왔다. 이주민으로서의 화인 디아스포라는 일본사회에 완전히 동화된 것이 아니라, 모국어와 모국문화를 계승함으로써 그들만의 문화정체성을 형성하고 있다. 화인 디아스포라는 주로 일본의 도쿄

(東京), 요코하마(橫濱), 오사카(大阪), 고베(神戶) 등 도시 지역에 정착하고 있으며, 차이나타운을 형성하여 공동체를 형성하고 있을 뿐만 아니라, 다양한 축제를 통해 민족정체성을 유지하고 있다. 화인 디아스포라들이 단일민족국가 일본에서 민족정체성을 유지하고, 그들만의 공동체를 형성할 수 있었던 것은 화인 디아스포라의 문화 계승자를 육성하는 민족교육의 장인 화교학교가 존재하기 때문이다.

일본의 화교학교는 전 세계 화교사회에서 가장 오랜 역사를 자랑하고 있다. 그것은 화인 디아스포라의 이주역사에서 최초의 화교학교가 일본에서 설립되었기 때문이다. 19세기 말 재일(在日) 중국인이 증가하자 교육열이 높은 화인 디아스포라는 중국어와 중국 전통문화를 가르칠 수 있는 민족학교 설립에 힘을 모았다. 따라서 순중산(孙中山), 캉유워이(康有为), 량치차오(梁启超) 등의 주도 하에, 1898년 일본 요코하마에서 최초의 화교학교 "대동학교(大同学校)"가 설립되었다. 대동학교 설립이후 도쿄, 고베, 교토, 나가사키, 홋카이도 등 지역에도 전후 9개의 화교학교가 설립되었지만, 지진과 전쟁 등의 이유로 일부 학교가 폐쇄되었다. 현재 일본에는 도쿄중화학교(东京中华学校), 요코하마중화학원(横滨中华学院), 요코하마야마테중화학교(横滨山手中华学校), 오사카중화학교(大阪中华学校), 고베중화동문학교(神户中华同文学校) 총 5개 화교학교가 운영되고 있다.

1949년 중국 대륙과 대만의 대립으로 인해 화교학교도 대륙계와 대만계로 분리되었다. 일반적으로 중국에서 출판한 교과서와 중국 간체자(简体字)를 가르치는 요코하마야마테중화학교와 고베중화동문학교가 대륙계이고, 대만 교과서를 기준으로 번체자(繁体字)를 가르치는 도쿄중화학교, 요코하마중화학원, 오사카중화학교가 대만계로 인식되고 있다.

일본 화인디아스포라의 주요한 교육시설로 자리매김한 화교학교는 일본 화교사회의 통합과 안정적 발전에 긍정적인 요인으로 작용하고 있으며,

또한 중 · 일 문화교류에도 큰 영향을 미치고 있다. 특히 다문화공생이 일본사회의 새로운 이슈로 등장하자, 화교학교의 3중언어교육과 중 · 일 문화 교육을 병행하는 운영방식은 화교사회의 융합은 물론, 일본사회의 다문화 공생을 추진하는 촉매역할을 수행하고 있다. 화교학교는 중국어 및 전통문화 교육을 통해 화교사회를 유지하고 발전시키는 버팀목일 뿐만 아니라, 일본 화교사회와 중국을 연결하는 연결고리이며, 더불어 화교 · 화인이 거주국에서 모국을 체화시키는 상징기제이기도 하다.

화인 디아스포라들이 일본사회에 정착하면서 그들만의 민족정체성을 유지하고 민족네트워크를 구축할 수 있었던 것은 화인단체인 화교협회(华侨协会)가 있었기 때문이다. 화인 디아스포라들은 화교협회를 통해 정보를 교환하고 모국과의 연계를 강화하며 민족공동체를 형성하고 있다.

해외 화인팀은 일본 화인디아스포라들의 네트워크 구축 현황을 파악하기 위해 요코하마화교총회와 고베화교회관을 방문 조사하였다. 중국 대륙과 대만의 대립으로 인해 일본에 설립된 화교협회도 대륙계와 대만계로 이분화 되었다. 그러나 최근 양안관계의 완화로 인해 일본 화교사회도 이데올로기적인 대립보다는 소통하고 교류하는 융화 현상이 나타나고 있다. 따라서 대륙계와 대만계의 화교협회도 정기적으로 협력하여 축제나 행사를 개최하고 있다.

해외일계인팀의 제2단계 제2차년도 연구수행과제는 '일계인의 다중정체성과 초국가성'으로서 이 연구과제를 수행하기 위해 일계인의 민족정체성 관련 문헌연구를 통해 설문조사표를 작성하였다. 일본 현지조사를 수행하기 위하여 요코하마 JICA(해외이주자료관)자료실, 가나가와 현 쓰루미구 NPO법인 ABC저팬, 시즈오카 현 하마마쓰 시, 나고야 오수지역 브라질학교, 나고야 9번 단지 일계인 집거지와 일계인들의 집합장소인 MIR교회를 방문하여 현지조사를 실시하였다. 일본 현지조사 결과의 중요한 성과는 일계인대상 설문조사 250부, 구술채록 10명, 사진자료 200장, 참고문헌 단행본 7권, 기타 낱장자료 30여 장 등을 수집하였다.

일본 현지조사 연구의 목적은 일계인의 다중정체성과 모국과의 연계성에 관한 구체적인 사례와 자료를 수집하기 위해서였다. 구체적으로는 일계인들이 모국 브라질에 대한 송금, 모국에 있는 가족 내지는 친지와의 교류, 방문정도, 모국에 대한 기대와 희망 등을 심층 조사하였다. 또한 도상학의 관점에서 일계인 디아스포라가 가지고 있는 모국신화와 상징 기제를 조사하여 모국에 대한 기억장치가 어떻게 기표되었고 실제로 어떻게 작용하였는지를 규명하는 데 있었다. 이와 더불어 연구과정에서 발굴한 자료들은 향후 가공하여 문화콘텐츠로 개발할 예정이다.

일본 현지조사는 2015년 2월 2일(월)부터 2015년 2월 15(일)일까지 일본 동경과 나고야를 중심으로 13박 14일간 진행하였다. 현지조사 대상과 장소는 일계인들이 집거하고 있는 가나가와 현 쓰루미구, 시즈오카 현 하마마쓰시, 나고야 오수(大須)지역과 9번 단지, 그리고 일계인 디아스포라의 자료수집과 박물관인 요코하마 해외이주자료관 등을 방문하여 일계인의 다중정체성과 초국가성에 관한 자료를 수집하였다.

일본에 체류하는 일계브라질인은 2007년 32만 명에 달한 적도 있지만 2008년 리먼쇼크 이후 일본국내 불경기에 따른 구조조정으로 약 10만 명 정도가 브라질로 귀국하였으며 그 후 귀국자가 계속 감소하였다. 일본 체류외국인의 경우, 지역별로는 아시아지역이 167만 6,343명으로 81.1%, 남미지역이 24만 3,246명으로 11.8%를 차지하여 체류외국인 전체 92.9%가 아시아 및 남미지역 출신으로 나타났다. 지역별 체류외국인의 체류자격의 특징을 살펴보면, 영주자(영주자 및 특별영주자)가 82만 9,574명으로 가장 많았고 다음으로 '유학생'과 '기능실습생' 순이었다.

또한 남미지역출신자들의 경우 전체 체류자에서 영주자가 15만 3,171명으로 가장 많았고 다음으로 정주자였다. 특히 일본 체류외국인들은 모든 지역에서 증가하였지만 남미지역은 일본에서 체류외국인의 감소비율이 가장 높은 지역으로 3.9%(9,997) 감소한 것으로 나타났다. 현재 일본에 체류하고 있는 일계인들은 약 16만 명 정도이다.

1990년대 이후 도일하여 일본 아이치 현에 거주하는 일계인을 대상으로 그들의 모국인 브라질과의 관계에 대하여 현지 조사한 결과는 다음과 같다. 첫째, 일계인들의 일본 정주가 진행되면서 모국과의 사회적 관계는 점차 강화되고 있었지만 경제적 관계는 더욱 소원해지고 있는 것으로 나타났다. 이것은 일계인 사회가 일본어 부족에 따른 방송이나 신문의 포르투갈어 사용으로 일본사회와 분리되는 또 다른 '정보 게토화' 현상을 보여주는 아이러니컬한 사회적 상황을 연출하고 있는 것으로 생각된다. 또한 이민 초기의 일시적인 돈벌이노동자에서 정착단계로 들어서면서 경제적 관계는 점차 약화되는 현상의 한 단면을 보여주는 것이기도 하다.

둘째, 일계인의 모국과의 사회적 관계는 일계인 상호간 1주일에 1회 정도 친척이나 친구를 만나고 브라질에 재산 보유정도가 낮으며 향후 브라질 귀국의향이 강할수록 모국 브라질에 대한 사회적 관심도 강한 것으로 나타났다. 이러한 현상은 언젠가는 브라질로 귀국할 것이라는 계획을 가지고 있는 일계인들일수록 일본 내에서 일계인들 간의 만남을 지속시키고 브라질에 대한 관심도 높은 것으로 생각된다.

셋째, 일계인의 모국 브라질과의 사회적 관계와 경제적 관계는 민족정체성과는 별도로 민족차별이 강화되면 모국과의 사회적 관계는 강해지고 반면에 경제적 관계는 약화되는 것으로 나타났다. 즉 모국 브라질에 대한 민족정체성이 강할수록 사회적 경제적 관계도 강한 것으로 나타났다.

넷째, 일계인들은 그들의 모국 브라질과의 사회적 관계에서 민족정체성이 강할수록 단체활동에 더욱 적극적이고 일본사회에서 민족차별을 느낄수록 단체활동에 소극적인 것으로 나타났다. 일계인의 모국과의 경제적 관계에서는 민족정체성이 강할수록 브라질과의 경제적 관계강화에 더욱 적극적이고 일본사회에서 민족차별이 강할수록 모국 브라질과의 경제적 관계는 소극적인 것으로 나타났다.

조사결과 일계인의 다중정체성과 모국과의 관계에서 생존전략은 한국 다문화사회의 외국인의 생존전략에도 적용될 수 있을 것으로 생각된다. 일계인의 일본에서의 생활은 모국 브라질과 밀접히 관련되어 있다는 것이다. 만약 일계인들은 지금 일본에서의 생활이 어려워지면 그들의 생활을 되돌아보게 되고 일본생활에 생존하기 위한 다양한 변화와 개혁을 시도하게 되며 브라질과의 관계강화에도 적극적으로 나서게 될 것이다.

이번 현지 인터뷰조사 결과를 요약하면 일본에서 일계인들은 법률적으로 '일본'과의 관계 때문에 일본인으로 우대되었지만 내면적으로는 일본인과의 차이 때문에 일본인이 아닌 '외국인'으로 인식되어 온 측면이 존재한다. 따라서 일계인들은 자기 정체성으로서 일계인 혹은 일본인이라는 양자의 선택상황에·따라 모국 브라질과의 사회적 경제적 관계도 결정된 것으로 생각된다.

마지막으로 이 책이 세상에 나오기까지 물심양면으로 도와주신 분들께 감사드린다. 이 책의 연구성과는 중점연구사업의 일환으로 동북아디아스포라 연구를 수행할 수 있도록 지원해주신 한국연구재단 관계자, 그리고 연구단이 주최한 각종 국내 및 국제학술대회에 참석하여 연구성과에 대한 발표자 및 토론자로 유익한 조언을 해주신 국내외 디아스포라 전문가 및 학자, 연구단 홍보에 아낌없이 지원해주신 언론 관계자들 덕분이다. 이들 모두에게 진심으로 감사드린다. 또한 이른 아침부터 늦은 밤까지 불철주야로 연구에 전념해준 전남대학교 중점연구소 공동연구원, 전임연구원, 대학원생 및 연구보조원들에게도 감사를 드린다.

2019년 6월

용봉골에서

세계한상문화연구단 전 단장 임채완

| 추천사 |

오늘날 국제사회는 과학기술과 정보통신의 비약적인 발전으로 국경을 초월하는 초국가시대가 되었으며, 이주의 일상화가 이루어지면서 디아스포라의 역할이 매우 중요해지고 있다. 이러한 시대적 흐름에 따라 세계 각국은 국가경쟁력 강화와 국력의 외연 확장을 위해 소중한 인적자원으로서 디아스포라에 대한 정책적 지원을 아끼지 않고 있다. 우리 정부는 세계 180여 국가에 살고 있는 720만 재외동포의 중요성을 인지하고 재외동포재단을 중심으로 재외동포가 민족적 유대감을 유지하면서 거주국에서 모범적인 구성원으로 정착할 수 있도록 물심양면으로 지원하고 있다. 최근에는 교육부와 협력하여 국내 초 · 중 · 고등학교 교과서에 모범적인 재외동포 인물과 단체를 수록하고 있으며, 교과과정 개편에 재외동포의 삶과 역동성을 교육할 수 있는 콘텐츠를 개발하는 데 힘쓰고 있다.

전남대학교 세계한상문화연구단은 재외동포 및 글로벌 디아스포라 연구의 선도자로서, 2010년에 "민족분산과 지구적 소통으로서의 디아스포라 연구"라는 주제로 한국연구재단의 「대학 중점 연구소 지원사업」에 선정되어 총 3단계 9년에 걸쳐 디아스포라 관련 연구를 수행하고 있다. 특히 이 연구사업은 한국, 중국, 일본 등 동북아 3국의 디아스포라를 대상으로 진행하고 있어 우리의 한민족 디아스포라를 화교, 일계인 등 이웃국가의 디아스포라와 비교·분석하여 귀중한 시사점을 얻을 수 있다는 데 의의가 있으며, 디아스포라 관련 연구의 외연을 확장한다는 측면에서 학술적 의의가 매우 높다고 평가된다.

전남대학교 세계한상문화연구단이 수행하고 있는 중점연구의 각 단계별 연구주제를 보면, 1단계- "동북아시아 민족분산과 문화영토", 2단계 - "동북아시아 디아스포라의 초국가적 성격", 3단계 - "디아스포라 공동체와 지구적 소통"이다. 이번에 발간되는 3권의 총서는 2단계 2차년도의 연구주제인 "해외 한인, 화인, 일계인의 다중정체성과 초국가성"에 관한 연구결과를 집약한 것으로 『코리안 디아스포라의 다중정체성과 초국가성』, 『화인 디아스포라의 다중정체성과 초국가성』, 『일계인 디아스포라의 초국가성과 다중정체성』 등으로 구성되어 있다.

이 총서는 근 · 현대 동북아시아 3국의 디아스포라가 모국을 떠나 정치, 경제, 사회문화적 환경이 다른 새로운 정착지에서 의식주 생활과 지역사회 생활에 대해 살펴보고 있으며, 새로운 환경에 적응하는 과정에서 형성되는 정체성은 어떠한 모습을 보이는지, 모국과의 관계는 어떻게 이루어지고 있는지에 대해 현지조사를 통해 상세히 기술하고 있다. 특히 이 총서는 동북아시아 3국의 디아스포라의 정체성과 초국가성에 대한 다양한 사례를 살펴볼 수 있어 디아스포라 연구의 기반을 다지고 학문 영역을 확장시키는 데 기여할 것으로 사료된다.

이와 더불어 우리 사회가 다인종 · 다문화사회로 진입하면서 선주민과 이주민 간 사회통합에 관한 정책적 관심이 높아지고 있어 이에 대한 많은 시사점을 제공할 것으로 생각된다. 우리 사회에는 외국인 이주노동자, 국제결혼이주자, 외국국적동포, 북한이탈주민, 유학생 등 약 200여만 명이 넘는 다양한 유형의 이주민들이 살아가고 있다. 물론 이주민이 경제발전에 기여하고 있다는 긍정적 시각이 있지만, 여전히 우리사회는 이주민에 대한 편견이나 차별 의식이 팽배해 있는 것도 사실이다. 특히 제주 예멘 난민 사태를 경험하면서 외국인을 경계하는 시선이 높아지고 있는 추세이다. 그러나 현실적으로 외국이주민은 우리 사회의 한 구성원으로 살아가고 있기에 한국생활에 안정적으로 적응하기 위한 사회적 배려와 관심이 중요하다고 본다. 이러한 맥락에서 이번에 발간된 총서는 우리 안의 디아스포라에 대한 사회적 인식을 개선하고 사회통합의 바람직한 방안을 모색하는 데 매우 유용한 정보를 제공할 것으로 생각된다.

끝으로 그동안 총서 발간을 위해 노력하신 임채완 단장과 공동연구원, 연구교수, 그리고 연구보조원들에게 감사드리며, 이 연구 총서가 재외동포, 외국인 이주노동자, 결혼이주여성, 북한이탈주민 등 이주민 관련 정부기관 및 유관단체의 정책적 지원 방안 수립과 대학 및 연구기관 전문 연구자들의 학문적 탐구에 유익한 자료로 활용되기를 기대한다.

2019년 3월

재외동포재단 이사장 한우성

| 서 문 |

이 책은 전남대학교 세계한상문화연구단이 2010년 한국연구재단으로부터 "동북아 민족분산과 문화영토"라는 주제로 9년간의 중점연구소사업의 지원을 받아 수행한 일계인디아스포라에 대한 연구성과물이다. 중점연구 2단계 제1차년도의 연구주제는 일계인디아스포라의 문화적응과 정착기제로 제2차년도는 일계인의 초국가성과 다중정체성에 대하여 학문적으로 규명하는 데 있다. 이 책의 중심내용은 일계인디아스포라들이 진출한 미국(하와이), 브라질, 일본, 한국 등을 중심으로 그들의 초국가성(Transnationality)과 다중정체성(Multi-Identity)을 탐구하는 데 있다. 일본을 떠나 해외에 거주하는 일계인디아스포라들이 정착지에서 그들이 형성한 초국가성에 의한 다중정체성 현상에 대하여 구체적인 사례와 자료수집을 통해 규명하는 것이다. 구체적으로 일계인디아스포라들이 이주지에서 어떻게 그들의 초국가성과 다중정체성을 구축해 나갔는지에 대한 메커니즘(Mechanism)을 규명하는 데 있다.

이 책은 일계인디아스포라의 초국가성과 다중정체성에 대하여 이론적으로 베르브너(Werbner)가 정의한 '디아스포라의 위치(Place of Diaspora)' 개념과 초국가주의(Transnationalism)의 개념을 활용하여 탈영토적 '경계(Border)'에 걸쳐 사는 이주민들의 초국가적인 삶을 재해석하는 데 있다. 또한 동북아 디아스포라가 거주국에 정착하는 과정에서 부딪히게 되는 '물리적 경계(Boundary)'가 어떤 방식으로 그들을 타자화와 배제의 심리적 경계로 고착화되었는지, 그리고 모국에 대한 디아스포라들의 상상력은 어떻게 형상화되었고 이에 따라 다중정체성(Multiple-Identity)을 어떻게 발현시켰는지를 규명하는 데 초점을 두고 있다.

글로벌시대 민족의 초국적 이동은 인종과 문화의 충돌로 인해 그들 특유의 정체성에 혼란을 초래하거나 이를 통해 아예 새로운 정체성을 재생산하려는 움직임이 항상 존재하고 있다. 이를 초국적 정체성으로 정의할 수 있는데 개인의 생물학적 특성이든 민족의 추상적인 개념이든 자기결정의 주체성과 감정이나 의지에 따라 끊임없이 반복 재생산되고 있다는 의미한다. 이는 특히 글로벌시대 초국적 정체성의 가변성과 유동성에 따른 민족정체성의 다양성을 초래하였다. 그리고 이러한 민족의 이동에 따른 초국적 정체성은 이주자 개인과 민족집단의 강약, 분리와 통합, 새로운 민족집단의 형성과 유지 등과 직접적인 관련성을 가지고 출현하고 있다.

이 책은 디아스포라들의 초국적인 이주(초국가성)가 경우에 따라서는 의도하지 않은 결과로서 민족주의(정체성) 강화한다는 사실에 주목하였다. 즉 디아스포라들의 초국가성이 다중정체성의 현상을 초래한다는 가설에 입각하고 있다. 이러한 사례로서 일본 거주 일계브라질인들의 대항적 정체성이 구체적으로 어떻게 나타나는지를 살펴보았다. 대항적 정체성의 사례는 일본 군마 현 오이즈미마치(群馬県大泉町)에서 일계브라질인들이 주체가 되고 있는 삼바 퍼레이드를 들 수 있다. 1991년부터 시작된 오이즈미마치 삼바퍼레이드는 매년 참가자들이 증가하여 관객들도 10만 명을 넘어섰다. 그러나 이전까지 일계브라질인들은 직접적으로 삼바퍼레이드 축제에 참여하지 않았다. 왜냐하면 삼바퍼레이드는 가난한 일본인들의 마쓰리라는 이미지가 강했기 때문에 중간계급을 자인하는 일계인들이 참여하지 않았다. 이러한 일계인들이 이 지역에서 삼바퍼레이드에 참여한 것은 일계인의 대항적 정체성의 현상을 그대로 보여주고 있는 것으로 생각된다.

앞의 삼바축제와 같이 일계인들이 일본사회에 수용되지 못하기 때문에 일본문화로의 동화를 거부하고 브라질문화와의 동일성을 강조함으로써 자기 정체성을 지키려는 심리학적 전략을 구사하게 된다. 이와는 반대로 일계인브라질인들은 어떻게든 일본사회에 수용되기 위해 문화적 동화를 시도하는 심리적 병리현상을 초래하기도 한다. 일본사회에 수용되기 위하여 본래의 자기정체성을 묵살하고 무리하게 일본인이 되려고 시도함으로써 일본사회에 잘 적응하는 것처럼 보이려고 하지만 내면의 실상은 그렇지 않다. 일계인들은 자기정체성의 부정과 다중정체성의 성향, 심리적 스트레스와 불안, 일계인동료로부터 소외, 그리고 궁극적으로는 부정적인 자기이미지의 내면화 등에 의해 심각하게 고민하게 된다.

이 책의 초점은 해외일계인의 다중정체성과 모국과의 연계성을 비교 연구하였다. 이를 위해 모국과의 관계에서는 대한 일계인디아스포라의 송금, 모국에 있는 가족 내지는 친척과의 교류와 방문정도, 모국에 대한 기대와 희망 등을 심층 조사하였다. 그리고 정체성과 관련해서는 도상학(Iconography)의 관점에서 일계인디아스포라가 가지고 있는 '모국신화'와 '상징' 기제를 조사하여 모국에 대한 기억 장치가 어떻게 기표되었고, 실제로 작용하였는지를 연구하고, 연구과정에서 발굴한 자료들을 가공하여 문화콘텐츠로 개발하였다.

해외일계인의 다중정체성과 그들의 모국인 브라질과의 관련성에 대하여 1990년대 이후 도일하여 일본 아이치 현에 거주하는 일계인을 대상으로 조사한 결과는 다음과 같다.

첫째, 일계인들이 일본에서 정주가 본격화되면서 모국 브라질과의 사회적 관계는 점차 강화되고 있었지만 경제적 관계는 더욱 소원해지고 있는 것으로 나타났다. 이것은 일계인 사회가 일본어 부족에 따른 방송이나 포르투갈어 신문의 사용으로 일본사회와 분리되는 또 다른 '정보 게토화' 현상을 그대로 보여주는 아이러니컬한 사회적 상황을 표출하고 있는 것으로 생각된다. 또한 일계인들이 이민 초기의 일시적인 돈벌이노동자에서 현지사회로의 정착단계로 돌입하게 되면서 경제적 관계는 점차 약화되는 또 다른 단면을 보여주는 사례이기도 하다.

둘째, 일계인의 모국과의 사회적 관계는 일계인 상호간 1주일에 1회 정도 친척이나 친구를 만나고 브라질에 재산 보유정도가 낮으며 향후 브라질로의 귀국의향이 강할수록 모국 브라질에 대한 사회적 관심도 강한 것으로 나타났다. 이러한 현상은 일계인들이 언젠가는 브라질로 귀국할 것이라는 계획을 가지고 있는 일계인들일수록 일본 내에서 일계인들 간의 만남을 지속시키고 브라질에 대한 관심도 높다는 것을 설명하고 있다.

셋째, 일계인의 모국 브라질과의 사회적 관계와 경제적 관계는 민족정체성과는 별도로 민족차별이 강화되면 모국 브라질과의 사회적 관계는 강해지고 반면에 경제적 관계는 약화되는 것으로 나타났다. 즉 모국 브라질에 대한 민족정체성이 강할수록 사회적 경제적 관계도 강한 것으로 나타났다.

넷째, 일계인들은 그들의 모국 브라질과의 사회적 관계에서 민족정체성이 강할수록 단체활동에 더욱 적극적이고 일본사회에서 민족차별을 느낄수록 단체활동에 소극적인 것으로 나타났다. 일계인의 모국과의 경제적 관계에서는 민족정체성이 강할수록 브라질과의 경제적 관계강화에 더욱 적극적이고 일본사회에서 민족차별이 강할수록 모국 브라질과의 경제적 관계는 소극적인 것으로 나타났다. 이러한 현상은 일본 거주 일계인디아스포들이 일본인보다는 일계인의 정체성을 소유하고 있는 경우 브라질과의 단체활동 및 경제활동에 더욱 적극적이라는 것을 보여주고 있다.

조사결과 일계인의 다중정체성과 모국과의 관계에서 생존전략은 한국 다문화사회의 외국인의 생존전략에도 적용될 수 있을 것으로 생각된다. 일계인의 일본에서의 생활은 모국 브라질의 생활과도 밀접히 관련되어 있는 것으로 나타났다. 때문에 만약 일계인들이 일본에서의 생활이 어려워지면 그들의 일본생활을 성찰하게 되고 일본에서 생존하기 위한 다양한 변화와 개혁을 시도하게 되며 브라질과의 관계강화에도 적극적으로 나설 것으로 생각된다.

현지 인터뷰조사 결과 일본거주 일계인들은 법률적으로 '일본'과의 관계 때문에 일본인으로 대우받았지만 내면적으로는 일본인과의 차이 때문에 일본인이 아닌 '외국인'으로 인식되어 온 경향이 존재한다. 따라서 일계인들은 자기 정체성으로서 일계인 혹은 일본인이라는 양자의 선택에 대해서 그들이 처한 상황에 따라 모국 브라질과의 사회적 경제적 관계도 결정되어 왔다는 것을 보여준다. 이러한 일계인디아스포라의 다중정체성의 현상은 초국가성에 의해 나타나는 디아스포라의 전략적 사례에 해당될 것으로 생각된다.

흔히 유럽인은 해외에 식민지를 개척하면 그 땅 주변에 교회를 짓고, 일본인은 학교를 짓는다고 말한다. 일본인들은 해외이주지에 민족학교를 설립하고 이를 통해 일본정부의 교육칙어를 기본방침으로 일본어교육, 일본정신, 일본문화 등을 교육하여 민족정체성을 형성하고 계승시켜나갔다. 일본거주 일계브라질인의 경우 일본인의 차별배제와 일본사회와의 단절로 또 다른 일계인의 정체성을 형성하고 있다.

결론적으로 일계인디아스포라들은 초국적 이동에 의해 그들의 정체성이 매우 다양화되거나 혹은 복잡성을 띠고 있으며 향후에도 끊임없이 새로운 정체성의 출현에 영향을 미칠 것으로 예상된다. 이러한 현상은 단순히 일계인디아스포라뿐만 아니라 모국을 떠나 거주하는 모든 디아스포라들이 안고 있는 숙명적 현상이기도 하다.

이 책이 나오기까지 일본 요코하마에 있는 일계인 해외이주자료관, 일계인 단체인 NPO 법인 ABC저팬, 시즈오카 현 하마마쓰 시, 나고야 오수지역 브라질학교, 나고야 9번 단지 일계인 집거지와 일계인들의 종교적 집합장소인 MIR교회 목사, 나고야 일계브라질인 안나슈도(ANNA SHUDO)와 구와바라 마리아(桑原マリア), 그리고 익명의 일계인 현지 협력자들로부터 일본 현지조사와 자료수집 과정에서 많은 도움을 받았다. 이들의 도움이 없이는 이 책이 출판되기는 힘들었을 것이다. 마지막으로 졸고의 출판에 아낌없이 협력해 주신 북코리아 이찬규 사장님께 감사드린다.

2019년 7월

저자 대표 임영언

| 차 례 |

표 차례

그림 차례

사진 차례

I

머리말

1. 연구목적 및 배경

이 책의 목적은 일계인의 다중정체성과 초국가성에 대하여 살펴보는 데 있다. 일반적으로 인간의 끊임없는 이동과 생활은 결과적으로 새로운 환경에 대한 생활전략과 관계성 구축의 과정을 세월이 흐름에 따라 재구성해 나간다는 사실은 어쩌면 당연한 결과일지도 모른다. 인간이 이동에 의해 새로운 환경에 처할 경우 이민자들은 그곳에서의 생활에 적응해나가기 위해 당시까지 축적해온 다양한 사회문화적 자원으로부터 이용할 수 있는 것을 선택하고 동원하게 된다. 자신이 속한 지역에 내재된 사회문화적 자원을 그때그때의 상황에 따라 동원하거나 동시에 그 밖의 것을 간과하거나 무시함으로써 정체성의 생성을 반복하여 다중정체성을 형성하게 된다. 또한 이민자들 상호간의 갈등을 반복함으로써 자기 생활전략을 재결정하거나 스스로 납득하여 수용해나가는 과정에 있다고 볼 수 있다.[1]

여기에서 흔히 이민자들이 생활하고 있는 '장소'라는 존재는 정체성의 형성과 밀접한 관련성이 있다. 이동하는 주체인 이민자들을 중심으로 생각할 경우 그 주체의 심리적 내면적 지역, 즉 생활전략에 근거하면서도 인간이 자기의 존재를 규정하려고 할 때 기초적 근거가 되는 것을 장소라고 부를 수 있다.

흔히 고전적인 국제이동의 요인으로서 자주 등장하는 배출과 흡입요인(PUSH-PULL Factor)이론이나 사회계층에서 다루고 있는 것과 같은 지리적 외재적인 지역이 '환경'이라는 위치에서 밖으로부터 인간과 그의 행동을 규정하는 것에 대하여 여기에서의 장소는 이동하는 주체가 동원하거나 선택함으로써 결과적으로 내부로부터 그 주체의 정체성을 규정해 나가는 것이라고 할 수 있다.

---

1 柳田利夫(2010)「移動とアイデンティティ生成： 日系二世の生活と地域」『三田社会学』15, pp. 43-52.

인간은 자신들의 생활을 통해 축적된 사회문화적 자원을 바탕으로 자기의 다음 생활전략에 맞는 것을 동원하거나 구사하여 이동에 동반되는 새로운 환경에서의 관계성을 구축해 나가게 된다. 이때 자기가 의식하든 의식하지 않든 간에 인간의 주체에 의해 선택되어지는 '장소'는 새로운 환경에서의 생활전략상 유효한 규모의 것이 동원된다는 점도 확인해 둘 필요가 있다. 그렇다고 지역이나 장소를 막론하고 인간이 언제 어느 때나 자유롭게 이러한 자원을 동원할 수 있는 것은 아니다. 사람들이 소유하고 있는 사회문화적 자원은 항상 제한되어 있고 무엇보다도 현실적으로 생활하고 있는 장소가 환경에 다양한 제약을 가하게 된다. 이러한 가운데 장소가 어떠한 의미로서 기능할 것으로 판단하지 않는 한 선택되지 않기 때문이다.

또한 이동하는 주체에 의해 선택되는 '장소'는 현실적으로 존재하는 지역과는 실질적인 관계가 없는 경우도 많다. 때문에 인간의 동원으로 선택된 지역은 거기에 근거하는 정체성 형성에 따라 내면으로부터 주체를 규정해 갈 가능성이 담보될 것으로 생각된다. 역설적이지만 전략적일지라도 계속해서 정체성을 동원하게 되면 그 '장소'는 실제로 존재하는 것은 아니지만 주체로의 규정성을 배제하는 것이 매우 곤란한 것으로 될 가능성도 높아진다.

해외로의 이동에 의한 이민자들에 의해 형성되는 세대구성에 있어서 같은 2-3세대일지라도 이동의 시기나 기간, 목적과 동기에 의해 생활전략과 '장소'에 근거하는 정체성 형성의 유형도 다양하게 나타날 수 있다. 인간의 지리적 이동이나 사회적 이동은 그들이 자기 자신들의 존재하는 모습이나 살아가는 방식을 모색하는 가운데 지금까지 그들 가운데 축적되어온 다양한 사회문화적 자원을 선택하여 동원하거나 동시에 그 밖의 것을 간과하거나 잊어감으로써 스스로의 생활전략을 반복하여 실천하고 자기실현을 목표로 자기 자신의 사회에서의 역할을 축적해나가고 납득하여 수용하려고 노력하게 된다. 그 결과 현실에 존재하는 지역과는 다른 사회문화적 자원으로서의 '장소'가 편입되어 기능하게 되고 새로운 지역에서의 정체성을 형성해 나가게 되는 것이다.

사회학자 에스피리트(Espiritu, 1996)는 고정적이고 폐쇄된 단일범주로 분류되는 위험성이 존재하지만 과거뿐만 아니라 오늘날에도 남아있는 차별감정이나 인종차별에 대하여 집단 간의 연대라는 전략적 중요성을 강조한 바 있다.[2] 단적인 예로는 일본제 자동차가 미국시장에서 높은 비중을 차지하여 일본 때리기가 발생했을 때 1982년 디트로이트 백인자동차공장 노동자가 실업에 대한 분노로부터 일본인으로 착각하여 중국계 청년을 살상한 사건, 1992년 로스앤젤레스에서 한국계 뉴커머1세들을 향한 흑인폭동 발생 등 이러한 반이민적 정서의 위협은 지금도 사라지지 않고 있다. 이와 같이 아시아계미국인의 경우 선택적 정체성보다는 민족성을 초월하여 정치적으로 필요한 정체성을 형성하는 경우도 있다.[3]

정치적인 정체성으로 민족성을 초월한 연대가 구축된 사례는 미국에서 1998년 성립한 "시민적자유법(Civil Liberty Act)"라는 전시 중의 억류라는 일계인 인권유린에 대하여 미국정부에 교정과 보상을 요구하여 투쟁한 18년간의 성과를 들 수 있다.[4] 당시 일계인들은 전시 중 강제수용소의 체험에 대하여 일계인 1세-2세의 피억류자로부터 직접적으로 입 밖에 내는 일은 거의 없었다. 이러한 강제수용소 체험의 침묵이 깨진 것은 1980년 '전시 중의 시민이동과 억류에 관한 위원회'가 설치되어 전 미국에서 열린 일계인 공청회 출석과 증언에 의해서였다. 이러한 강제수용소 체험을 보고 듣는 가운데 마침내 과거와 마주하게 되었다는 일계인들이 상당수 존재했다. 이처럼 정치적 경제적 상황변화에 의해 차이를 초월한 마이너리티의 조직화는 전략적으로

---

2 Espiritu, Yen Lee, 1996, "Crossroad and Possibilities: Asian American on the Eve of the Twenty-First Century," *Amerasia Journal*, 22(2): pp.7-12.

3 Jeung, Russel, 2005, *Faithful Generations: Race & New Asian American Churches,* NJ: Rutgers Univ. Press, p.9.

4 黒木雅子(2012) 「ジェンダー・エスニシティ・宗教との交渉ー北米アジア系女性の複合的アイデンティティ」, 太田好信編著『政治的アイデンティティの人類学ー21世紀の権力変容と民主化にむけて』, 昭和, pp.90-91。

필요 불가결한 경우도 있다.

미국의 일계인사회에서 정체성은 과거 강제수용소의 억류경험이 일계인으로서의 정체성의 토대가 되었다고 생각하는 고령세대와 '자신의 아버지나 할아버지세대에서 일어난 일은 알고 있지만, 그것에 얽매이지는 않는다.'는 일계인 3세대 이후의 세대로 구분되었다. 이러한 정체성의 배경에는 1980년대 이후 일계인의 백인과의 결혼증가가 주요 요인으로 꼽히고 있다. 이들은 틀림없이 일계인으로서 집단을 연결하는 정치적 경제적 요인은 희박해지고 있지만 반면에 일계인이라는 '영원한 외부자', '인종적 주변성'은 거의 변함이 없고 미국사회의 반아시아 감정이나 황화론의 재점화는 항상 상존하고 있는 문제이기도 했다.[5]

미국에서 일계인의 경우 일계인 1세-3세까지 미국 인종주의에 의해 '귀화불능외국인', '적성외국인', '재미일계인'이라는 낙인적 정체성에서 보여주고 있는 바와 같이 '영원한 외부자'로 존재해 왔다. 한편 초기 일계인1세 지도자들은 아시아계를 한통속으로 취급하는 백인의 인종주의에 대항하기 위하여 다른 아시아계 혹은 지방출신 일본인들과의 차별화를 시도하고 차별하기도 했다. 이러한 배경에는 분명 백인중산계급의 규범에 대한 문화변용모델이 존재하고 있고 일계인뿐만 아니라 많은 이민 집단의 상층부에서 수용해온 측면이 있다.

이와 같이 다양한 초기 미국이민자들을 하나의 정체성으로 결속시킨 것은 이러한 규범모델을 근거로 한 일본과 미국의 인종주의에 대한 저항, 협력, 공모, 동화, 양보 등의 논리가 그 속에 감추어져 있다. 일계인들은 성별, 계급별, 세대별 등 다양한 이민자들이 존재하지만 이들은 뒤로 감추어지고 동족의 일계인이라는 이미지가 만들어지기도 했다. 동족동질이라는 순수성

---

5 황화론(Yellow Peril)이란 19세기말 20세기 초에 걸쳐 구미에서 발생했다. 백인이 상정하는 중국인과 일본인에 대한 위협을 가리킨다. 캘리포니아에서는 대중미디어에 의해 반일감정의 선동이 일어났다. 저자는 결론에서 '황화론'을 과거에 발생한 일로 치부해서는 안 된다고 강조하고 있다.

의 강조에 의한 호스트사회에서의 저항운동은 분리지배에 저항하기 위해서 유효하지만 차이의 경계를 자연시하거나 강조하기도 한다. 따라서 과거 일계인으로서 아니면 거주국의 시민으로서, 일시적 돈벌이 체류자로서 아니면 정주자로서, 시민으로서 아니면 외국인으로서, 일계인 아니면 아시아계로서 이항대립에 의해 보이지 않았던 복합적 마이너리티 정체성의 존재 등 다양한 정체성의 존재를 확인할 필요가 있다.

이상과 같이 초국가주의에 따른 사람의 이동은 정체성의 형성에 많은 변용을 초래하고 있다. 이민자집단의 정체성은 지역이나 출신국가에 근거하거나 필요에 의한 선택적 정체성이나 연대에 따른 정치적 정체성, 이항대립의 정체성에서 복합적 정체성의 형성 등으로 분류할 수 있다. 이 책의 목적은 글로벌 다문화시대 이러한 다양한 복합적 정체성의 존재에 착안하여 일계인 정체성의 다양성과 다이나미즘을 고찰하는 데 있다.

2. 연구내용의 구성

이 책은 중점연구 제2단계 2년차 해외일계인의 다중정체성과 초국가성에 대해 일계인 집거지의 설문조사와 인터뷰조사, 문헌자료수집을 통해 파악하는데 있다. 이 책의 내용은 일계인들이 모국 혹은 현지 거주국을 떠나 이주와 재이주를 거듭하고 있는 상황에서 일본 혹은 현지 이주사회에서 형성된 다중정체성과 초국가성을 중심으로 조사한 자료를 바탕으로 구성되어 있다. 구체적으로는 일계인들이 현지 거주국에서 경험하고 있는 모국신화와 상징기제(기표와 작용), 일계인의 정체성과 모국연관성을 파악하였다. 또한 일계인의 모국송금(Remittance), 가족관계, 모국방문의 경험유무 등을 규명하였다.

이 책의 연구방법은 조사대상지역으로 동경, 요코하마, 나고야, 오사카,

시가 현, 후쿠오카 등지의 일계인 집거지, 문화시설, 학교시설, 자료관을 중심으로 설문조사 및 면접조사를 실시하였다. 일계인 자료수집을 위한 방문지역은 요코하마 일계인해외이주자료관, 일계인박물관, 해외일계인협회, NPO법인ABC저팬, 국제교류센터, 커뮤니티 공생센터, 나고야 오수 지역 및 시가 현 코사이초(滋賀県甲西町) 등으로 여기에 거주하는 일계인을 대상으로 인터뷰조사 및 설문조사를 실시하였다.

이 책의 내용에서 사용된 문헌자료수집(송금, 가족관계, 모국방문, 모국 인식, 외국인 차별운동 연계 등)은 도쿄 재일한인역사자료관(도쿄 미나토구), 도쿄 요코하마시 JICA(일계인해외이주자료관), 요코하마시 해외이주자료관 박물관 및 도서관, 요코하마시 쓰루미구 NPO법인ABC저팬 및 커뮤니티 국제교류센터, 도쿄 오사카 코리아타운 및 지역자료관 방문 자료수집 및 사진촬영, 하마마츠시, 나고야 및 시가 현 일계인 NGO 및 국제교류센터 등지를 방문하여 구술자료수집 및 사진촬영을 실시하였다.

이 책의 내용은 중점연구 제2단계 2년차 일계인의 다중정체성과 초국가성 관련 자료수집을 통해 일계인 다중정체성 및 초국가성 관련 기초조사(설문조사 및 구술자료 채록), 일계인 정체성 및 모국과의 연관성, 일계인 이주 및 노동자의 초국가성, 일계인 디아스포라의 송금, 가족관계, 모국방문 등에 대한 자료수집을 통해 기술되었다.

이 책의 구체적인 내용은 일본거주 일계인 디아스포라를 대상으로 일본 요코하마 해외이주자료관, 요코하마 시 쓰루미구 국제교류관, 시즈오카 현 하마마츠시, 나고야 오수 지역 및 9번 단지를 방문하여 일계인대상 설문조사 250부, 인터뷰조사 15명, 사진자료 200장, 참고문헌 단행본 7권 및 기타 낱장자료 20여장 등을 수집하여 일계인의 다중정체성과 초국가성에 설문조사와 구술자료의 분석내용을 중심으로 구성되었다. 이 책의 장별 연구내용을 정리하면 다음과 같다.

제1장은 이 연구를 수행하게 된 연구목적과 배경 및 필요성, 그리고 전

체적인 연구내용의 구성, 연구방법 및 대상, 현지조사내용과 연구성과 등에 대하여 상세히 서술하였다. 이 책의 연구목적에서는 초국가주의에 의한 일계인의 이동이 정체성의 형성에 많은 변용을 초래하였으며 일계인의 정체성이 지역이나 출신국가에 근거하거나 필요에 의한 선택적 정체성이나 연대에 따른 정치적 정체성, 이항대립의 정체성에서 복합적 정체성을 형성하고 있음을 분석하였다. 또한 일계인의 다양한 복합적 정체성의 형성에 착안하여 일계인 정체성의 다이나미즘을 고찰하였다. 연구방법 및 대상에서는 해외일계인의 제2단계 제2차년도 '일계인의 다중정체성과 초국가성'이라는 연구과제를 수행하기 위해 문헌연구, 설문조사와 일본 현지 구술조사 과정을 상세히 서술하였다. 또한 현지조사의 연구성과에 대하여 설문조사 250부, 구술채록 10명, 사진자료 200장, 참고문헌 단행본 7권, 기타 낱장자료 20여 장 등 자료수집과정에 대하여 상세히 기술하였다.

제2장은 이 책에서 중점적으로 다루고 있는 일계브라질인의 초국적 이주(Transnational)가 정체성(Identity)에 미치는 영향에 관해 기존연구를 통한 이론적 논쟁에 대해 검토하였다. 또한 일계인의 정체성이 사회적으로 어떤 과정을 거쳐 형성되었는지에 대하여 사회적 정체성 이론을 통해 살펴보았다. 사회적 정체성은 개인의 자기개념의 일부로 어느 사회적 집단의 성원이라도 개인의 지식에 유래하며 그 집단의 성원과 결합된 긍정적 혹은 부정적 가치를 의미하기도 한다. 결국 일계인들은 초국적 이동에 의해 일계인들의 정체성이 매우 다양하고 복잡한 양상을 띠게 되었으며 향후에도 상황변화에 따라 끊임없이 새로운 정체성이 출현할 것이라는 점을 제시하였다. 초국가시대 정체성의 다양한 출현사례로서는 중국조선족과 일계인의 초국적 정체성의 역사적 변천과정에 주목하여 살펴보았다.

또한 글로벌시대 민족의 초국적 이동은 인종과 문화의 충돌로 인해 그들 특유의 정체성에 혼란을 초래하거나 이를 통해 아예 새로운 정체성을 재생산하려는 움직임이 항상 존재하고 있다는 사실을 서술하였다. 결국 초국적 정체성이란 개인의 생물학적 특성이든 민족의 추상적인 개념이든 자기결정의 주체성과 감정이나 의지에 따라 끊임없이 반복 재생산되고 있는 것으로 나타났다. 특히 글로벌시대 초국적 정체성의 가변성과 유동성이 민족정체성의 다양성을 초래하는 것으로 나타났다. 그리고 이러한 초국적 정체성의 역할은 개인과 집단의 강약, 분리와 통합, 새로운 집단의 형성과 유지 등과 직접적인 관련성을 가지고 있는 것으로 나타났다.

제3장은 초국적 이동의 시대 일본정부의 일계인 민족교육정책과 이를 통한 다중정체성의 형성과정을 다루었다. 특히 재미일계인, 일계브라질인, 파라과이 일계인 사례를 살펴본 결과, 재미일계인 이민1세대의 경우 학업이 목적이 아니라 이민목적의 도미였기 때문에 미국의 학교 교육보다는 그들에게 필요한 영어, 사회도덕이나 생활 습관 등을 대부분 듣고 배우거나 미국에서 학업을 마친 일본인 선배나 교회목사 등 일본식 사숙이나 교회 내의 테라코야(寺子屋)교육에 의존하였다. 일본어교육에 관련해서는 현지 일본인 유지에 의존한 일본어학원을 경영하거나 개인의 비영리사업으로 학교를 경영하는 경우가 대부분이었다. 이주지에서 일본인 교회나 회관은 일계인사회의 중심이 되었고 일본어 학원은 일본어를 가르치는 학문의 장이 됨과 동시에 재미일계인의 문화적 중심지로서 역할을 수행하였다.

브라질에서 1945년 해방 전 일본어교육은 이민자들의 식민지 집중을 계기로 일본귀국을 준비하는 교육으로 시작되었다. 전후 일본의 실상이 일계브라질사회에 알려지면서 전쟁으로 매우 황폐해진 일본에 대한 지원이 어려웠고 일본으로의 귀국은 생각할 여력조차 없었다. 일계브라질인들의 이민의 자녀에 대한 교육의 생각도 바뀌어 갔다. 일계인들은 브라질 사회 적응과 성공이 제일의 목표가 되었고 브라질 학교를 제일로 하는 일본어교육 불용론(不用論)이 등장하기도 했다. 전후 재개되었던 일계인학교는 이미 '일본인학교'가 아니라 일본어를 가르치는 '일어학교'가 대부분이었다. 브라질에서 일본어 교육을 수행했던 학교는 1980년대 후반부터 증가해 왔다. 브라질 공립학교체계 가운데 일본어가 제2외국어로 포함된 지역은 상파울로 주(CEL) 파라나 주(CELEM), 산타카타리나 주(CELE) 등으로 외국어표현의 새로운 기회의 제공, 학교 커리큘럼의 충실화 및 현대의 이문화 이해를 목적으로 한 것이었다.

일본정부의 1945년 해방 전 파라과이 해외민족교육은 문부성으로부터 교원파견이 이루어지는 경우가 많았고 국정교과서사용, 교육칙어를 기초로 한 교육을 기본방침으로 정했다. 또한 학교에서는 철저한 일본정신 · 일본어교육의 실시를 강조하였다. 1945년에는 파라과이 정부가 일본어교육을 강제 폐쇄하였기 때문에 이후 수년간은 테라코야(寺子屋)형식으로 교육이 이루어졌다. 파라과이의 일계인의 일본어능력은 남미의 일계사회에 있어서 수준이 매우 높았던 것으로 평가되고 있다. 파라과이에서는 다섯 지역의 일계이주지가 현재까지도 잔존하고 있으며 일계인사회에 의해 강력한 결속을 갖는 공동체적 존재로서 각 이주지에 일본어학교가 있었고 일본문화지향이 높은 것으로 알려졌다.

일본인학교는 일본인 이민자에 있어서 일계인 사회 중심의 하나였고 학교는 교육의 장으로서만이 아니라 '일본'이나 '일본문화'를 재생산하는 역할을 수행하였다. 각 일본학교들은 일본의 행사나 습관을 아이들에게 배우게 하는 것을 교육의 중심으로 삼았고 이러한 경향은 각 일본학교의 '교육목표'에도 잘 나타나 있다. 교육목표에는 '일본문화', '일본의 뛰어난 문화', 일반적으로 일본인의 특징이라고 인식 되고 있는 용어(협조성, 책임감, 근면성 등)들이 강조되었다.

흔히 유럽인은 해외식민지를 개척하게 되면 식민지 주변에 교회를 짓고, 일본인은 학교를 짓는다고 한다. 일본인들은 해외이주지에 학교를 설립하고 여기에서 교육칙어를 기초로 교육의 기본방침으로 정하고 일본어교육, 일본정신, 일본문화를 재생산하는 민족교육의 장으로 삼아 민족정체성을 형성하고 계승시켜나갔다.

제4장은 일계인의 정착과정에서 나타난 민족차별유형과 사례를 중심으로 다루었다. 일본 나고야 시에 거주하는 일계인을 대상으로 그들의 이주정착과정에서 나타난 차별배제 의식과 차별유형을 고찰하고 시사점을 도출하였다. 특히 일본에서도 일계인들이 가장 밀집되어 있는 집거지역인 요코하마시 쓰루미구(横浜市鶴見区), 시즈오카 현 하마마쓰시(静岡県浜松市) 거주 일계인을 대상으로 면접조사를 실시하였으며 나고야시 오수(名古屋市大須)지역에 거주하는 일계인을 중심으로 설문조사를 실시하여 일계인의 일본사회로부터 차별배제에 대한 의식을 고찰하였다. 분석결과, 일계인들이 일본사회에서 느끼는 가장 큰 차별배제의 유형은 일계인을 위한 문화시설의 부족과 외부사회와의 정보단절이었다. 현재 이러한 일계인사회의 정보부족과 수요를 해결주고 있는 기관이 일계인 교회였으며 일계인들의 일본사회 적응과 정착에 매우 중요한 역할을 담당하고 있는 것으로 나타났다. 향후 연구에서는 일계인의 사회문화적응에 중요한 역할을 담당하고 있는 교회의 기능, 그리고 일계인 1세의 동화정책에 따른 문화적응전략, 일계인 2세들의 브라질과의 관계 등에 주목할 필요가 있을 것이다.

제5장은 일본인의 일계인 민족차별에 따른 민족정체성의 형성 과정을 살펴보았다. 일계인의 초국적 귀환이주에 따른 민족정체성의 형성은 브라질에서 태어나 자란 일계인 1세들이 도일하기 전 일본인의 자손이라는 모국신화에 따른 일본인의 민족정체성이 강했지만 점차 일본사회에서 민족차별을 경험함으로써 일계인으로서의 민족정체성을 자각하게 되는 것으로 나타났다. 반면 일본에서 태어나 모국브라질을 직접 경험하지 못한 일계인 세대들은 부모로부터 간접 경험에 의해 그들의 민족정체성은 이중정체성 혹은 다중정체성을 형성하고 있는 것으로 나타났다.

제6장은 맺음말로 일계인 디아스포라의 초국가성과 다중정체성에 대한 연구결과를 통해 이 연구가 가지는 차별성과 연구결과의 함의 및 시사점을 제시하였다. 결국 초국적 글로벌 이주시대를 맞이하여 일계인 디아스포라

의 정체성은 중층적이고 복합적인 다중정체성을 형성하고 있다는 점을 제시하였다. 또한 향후 연구에서는 이번 연구결과를 토대로 한중일 디아스포라의 초국가성에 따른 다중정체성 형성 전략 등의 비교연구의 필요성을 제시하였다.

3. 연구방법 및 대상

1) 연구방법 및 현지조사지역

해외일계인의 제2단계 제2차년도 연구수행과제는 '일계인의 다중정체성과 초국가성'으로서 본 연구과제를 수행하기 위해 일계인의 민족정체성 관련 문헌연구를 통해 설문조사표를 작성하였다. 그리고 일본 현지조사를 수행하기 위하여 요코하마 JICA(해외이주자료관)자료실, 가나가와 현 쓰루미구 NPO법인 ABC저팬, 시즈오카 현 하마마쓰 시, 나고야 오수지역 브라질학교, 나고야 9번 단지 일계인 집거지와 일계인들의 집합장소인 MIR교회를 방문하여 설문조사와 구술조사를 실시하였다.

일본 현지조사의 목적은 일계인의 다중정체성과 모국과의 연계성에 관한 구체적인 사례와 자료를 수집하기 위해서였다. 구체적으로는 일계인들이 모국 브라질에 대한 송금, 모국에 있는 가족 내지는 친지와의 교류, 방문 정도, 모국에 대한 기대와 희망 등에 대하여 심층면접조사를 실시하였다. 또한 글로벌디아스포라의 도상학적 관점에서 일계인 디아스포라가 가지고 있는 모국신화와 상징 기제를 조사하여 모국에 대한 기억장치가 어떻게 현지에서 기표되었고 실제로 이주정착지에서 어떻게 작용하였는지를 규명하였다. 이와 더불어 연구과정에서 발굴한 자료들은 가공하여 중점연구의 문화콘텐츠자료로 개발하였다.

일본 현지조사는 2015년 2월 2일(월)부터 2015년 2월 15(일)일까지 일본 동경과 나고야를 중심으로 13박 14일간 진행하였다. 현지조사 대상과 장소는 일계인들이 집거하고 있는 가나가와 현 쓰루미구, 시즈오카 현 하마마쓰시, 나고야 오수(大須)지역과 9번 단지, 그리고 일계인 디아스포라의 자료수집과 요코하마 해외이주자료관 등을 방문하여 일계인의 다중정체성과 초국가성에 관한 자료를 수집하였다.

사진 1.1 1898년 하와이 일본인 소학교

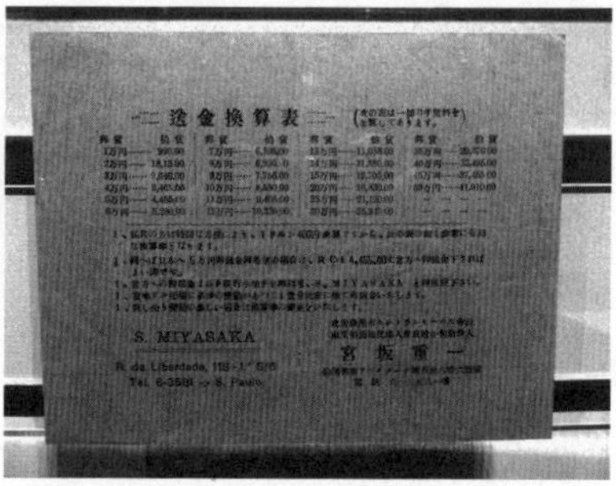

사진 1.2 일계인노동자의 송금환산표

일본에 체류하는 일계브라질인은 2007년 32만 명에 도달한 적도 있지만 2008년 리먼쇼크 이후 일본 국내 불경기에 따른 구조조정으로 약 10만 명 정도가 브라질로 귀국하였다. 이후 일계인 디아스포라의 브라질귀국자 수는 계속 감소하였다. 전체적으로 일본에 체류하는 외국인의 경우, 지역별로는 아시아지역이 167만 6,343명으로 81.1%, 남미지역이 24만 3,246명으로 11.8%를 차지하여 체류외국인 전체의 92.9%가 아시아 및 남미지역 출신으로 나타났다. 지역별 체류외국인의 체류자격의 특징을 살펴보면 영주자(영주자 및 특별영주자)가 82만 9,574명으로 가장 많았고 다음으로 '유학생'과 '기능실습생' 순이었다.

또한 남미지역출신자들의 경우 전체 체류자에서 영주자가 153,171명으로 가장 많았고 다음으로 정주자가 차지하였다. 특히 일본 체류외국인들은 일본 내 모든 지역에서 증가하였지만 남미지역 출신자들은 일본에서 체류외국인의 감소비율이 가장 높은 지역으로 3.9%(9,997)정도 감소한 것으로 나타났다. 2018년 현재 일본에 체류하고 있는 일계인들은 약 16만 명 정도로 추정되고 있다.

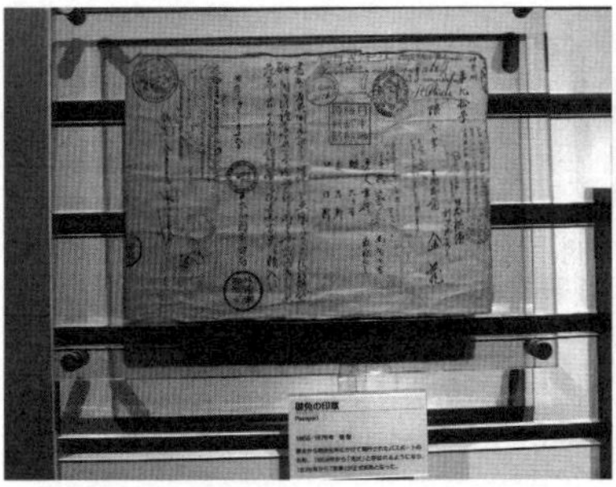

사진 1.3 일본인 이민 초기 패스포트

사진 1.4 일계인노동자 사진신부

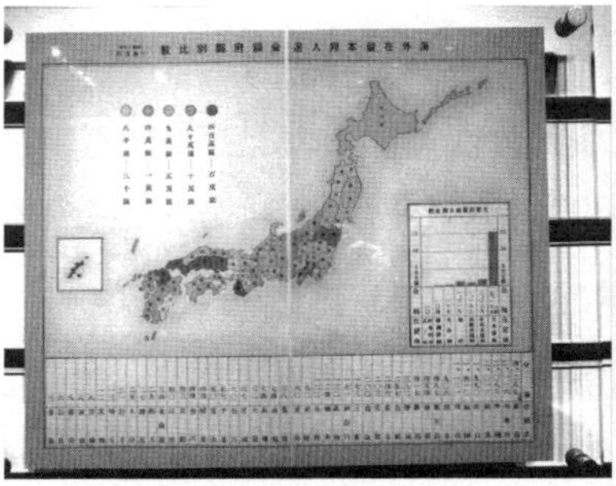

사진 1.5 해외체류 일본인 송금액

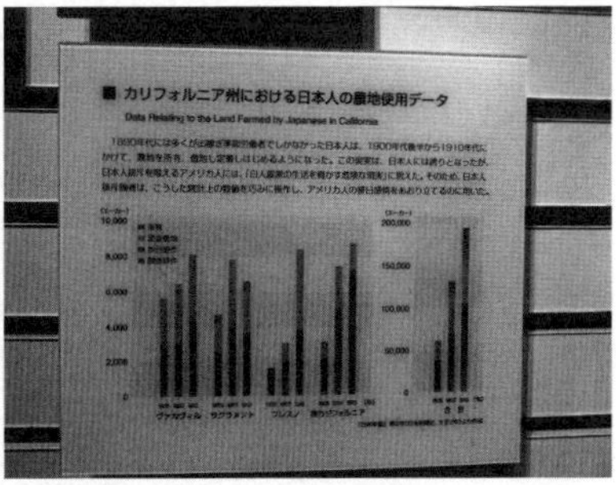

사진 1.6 일계인 농지사용 자료

이번 현지조사를 통해 일본인의 초기 하와이이민자들과 모국과의 초국가성 관련 수집한 자료들을 중심으로 살펴보면 다음과 같다. 먼저 〈사진 1.1〉은 일본인들이 1870년 경 하와이로 이주하여 일본인 학교를 세웠던 학교 학생들의 사진이며, 〈사진 1.2〉는 일계인의 이주목적이 돈벌이 노동이민이었기 때문에 미국 캘리포니아에서 일본의 모국으로 송금하기 위한 당시 송금환산표를 보여주고 있다.

〈사진 1.3〉은 19세기 중반 일본인들이 이주하기 위해 필요했던 여권의 초기 형태인 허가증이다. 그리고 〈사진 1.4〉는 1924년 미국에서 배일이민법의 실시로 일본인들이 자유로운 왕래가 어렵게 되자 현지 이주지에서 일본인 상호 간의 결혼도 어려워지게 되었다. 이에 따라 일본에서 직접 신부를 데려와서 결혼하는 사진결혼이 유행하였다.

〈사진 1.5〉의 자료는 일본인의 해외 이주지별 송금액을 보여주고 있다. 특히 일본인의 출신 도도부현별 송금액을 그래프로 보여주고 있다. 일본인의 모국 송금액이 가장 많은 지역은 북미 국가들이고 다음이 중남미, 아시아 지역 순으로 높게 나타났다. 〈사진 1.6〉은 캘리포니아 주에서 일본인의 농지사용 실태자료를 보여주고 있다. 1890년대 일계인 대부분이 이주지에서 돈벌이 노동자에 지나지 않았지만 1900년대 후반부터 1910년에 걸쳐 농지를 소유하고 소작농으로 정착하기 시작했다. 이러한 현실은 일본인들에게는 현지 이주지에서 자랑거리가 되었지만 일본인 배척을 주장하는 미국인에게는 백인농가의 생활을 위협하는 위험한 존재라고 생각하는 근거가 되었다. 때문에 미국 내 일본인 배척주의자들은 이러한 통계상의 수치를 적절히 활용하여 미국인의 배일감정을 부추기는 데 활용하였다.

일본 현지조사 결과의 중요한 연구성과는 일계인대상 설문조사 250부, 구술채록 10명, 사진자료 200장, 참고문헌 단행본 7권, 기타 낱장자료 30여 장 등을 수집하였다. 구체적으로 일본 현지조사에 따른 자료수집 내용과 현황을 제시하면 다음 〈표 1.1〉과 같다.

표 1.1 해외일계인 현지조사 내용 및 실적

구분	조사기간	조사자	조사지역	조사내용
해외	2015. 02.02.- 2015. 02.15.	전임 연구원	요코하마 JICA (해외이주자료관) 일계브라질인 요코하마시 쓰루미 ABC저팬 시즈오카현 하마마쓰시 나고야시 오수지역, 9번 단지 일계인 집거지	• 일계인 다중정체성과 초국가성 관련 구술조사(채록) - 조사내용: 일계인의 모국관계 상징기제로서 송금과 학교의 역할 등 • 요코하마 쓰루미구 간사이 국제라운지-일계인의 일본어 문제와 학교중도포기, 중학교 졸업 후 사회진출, 학생들 공부하기 어렵고 대학진학이 어려운 상황 • 야마노우치 신부-일계인 대부분이 의식과 위기감 부족, 의지와 희망을 가지게 하는 것이 중요 • 안도슈도-일본어 배우지 않은 것이 일본 회사에 이익이고 일계인들은 미국입국이 어려우니까 미국적응이 빠름. 설문지 포르투갈어 번역 의뢰 • 히가신부-일계인들은 일본사회에 대한 정보를 전혀 모르고 자기들만의 정보공유, 일본사회에 때한 무관심-설문조사 의뢰 • 코발스키 목사-일본정부 일계인 3세까지 입국허용, 정체성의 유지여부 근거에 기준-설문조사 의뢰 • 다치가와 페르난데스-일계인의 정체성과 관련하여 중학교 때부터 정체성 인식하기 시작했고 차별이 있었지만 고등학교 이후에는 없어졌음. 일본인의 다문화사회 이해가 매우 부족함 • 니시 사요에-일계인 남성 직업보다 여성 직업이 많고 이혼율이 높으며 생활보호자가 많음. 상식이 부족하고 알콜중독이나 마약 중독자 등 건강하지 못함-설문조사 의뢰 • 일계인 시노다상과 마리아상-설문조사와 인터뷰, 설문조사 의뢰 및 설문지 포르투갈어 번역 의뢰 • 요코하마 해외이주자료관 방문-해외일계인 관련 사진촬영 • NPO ABC저팬 하시모토 면담, 설문조사 자문 • 나고야 브라질교회 방문(MY Brazil 앞) 교회 니시 사요에, 니시제퍼슨 주임목사 인터뷰-일계인 정체성, 직업과 송금 관

				련 면담 • ATN JAPAN 마리아상 미팅, 설문조사 관 련 확인 • 오사카이쿠노쿠 코리아타운 사진촬영 및 자료수집-코리아NGO센터 대표 김광민 인터뷰 등
제2단계 제2차년도 자료수집 성과				일계인대상 설문조사 250부 구술채록 10명 사진자료수집 200장 참고문헌 및 단행본 7권 기타 낱장자료 30여 장 등

2) 현지조사내용 및 연구성과

이번 현지조사는 일본에 거주하는 일계인을 대상으로 일계인의 다중정체성과 초국가성을 고찰하고 그들의 모국신화와 상징기제를 도출하고자 실시하였다. 특히 일본 내에서도 일계인들이 가장 밀집되어 있는 요코하마시 쓰루미구, 시즈오카 현 하마마쓰 시, 나고야 시 오수지역 및 9번 단지에 거주하는 일계인을 중심으로 모국관계와 상징기제에 초점을 두고 고찰하였다. 연구방법은 이들 지역을 대상으로 문헌연구, 설문조사, 현지 참여관찰 및 인터뷰조사를 실시하였다.

현지조사 내용은 다음과 같다. 먼저 일본 도쿄, 요코하마, 쓰루미, 나고야, 오사카에서 일계인 디아스포라의 다중정체성 및 초국가성 관련 자료수집 및 사진촬영을 실시하였다. 요코하마 해외이주자료관에서는 다중정체성 및 초국가성 관련 문헌자료수집 및 일계인 이주관련 사진자료를 촬영하였다. 또한 일계인 디아스포라 다주지역에서 일계인 대상 정체성 관련 인터뷰조사를 실시하였다. 일계인 디아스포라 집거지역에서 일계인의 일본생활 참여관찰, 일계인 디아스포라들의 네트워크 결절점이자 집합장소인 교회를 방문하여 참여관찰과 인터뷰조사, 일계인 전문가 및 활동가 중심 회의 참여 등 현지조사를 실시하였다.

현지조사결과, 일계인 디아스포라의 다중정체성과 초국가성의 형성요인과 특징을 살펴보면 다음과 같다. 먼저 차이나타운, 일계인타운, 코리아타운의 갈등과 공존방식, 혼종성과 갈등관계, 정착상의 차이점, 문화정체성 등이 상호 매우 상이함을 발견하였다. 둘째, 이민 1-2세대와 3-4세대의 차이점, 이민의 연속과 갈등, 올드커머와 뉴커머 호스트사회와의 갈등 반복, 정착과정의 유사성, 귀화와 동화, 문화적 갈등, 정체성, 혼종성, 국적 취득 등의 유사성도 발견할 수 있었다. 셋째, 이민타운과 타운 외 지역의 확대형성으로 일반 이민자들이 설립한 타운에서 보이지 않는 지역의 외부 확대로 점차 정착해 가는 것으로 나타났다. 그러나 일본 내 일계인들은 특성상 처음부터 일본사회 속에 거주함에 따라 보이지 않는 정착현상을 보여주고 있는 것이 가장 큰 특징이라 할 수 있다. 이러한 이유 때문에 일계인 자체 공동체 형성이 근본적으로 어려운 것으로 나타났다. 넷째, 일계인 이민 정착상의 모국신화와 상징기제에서 종교(문화)와 특정 이데올로기의 결합현상을 발견할 수 있었다. 가령, 차이나타운의 경우 관우의 관제묘, 일계인타운의 경우 브라질 가톨릭교회 및 프로테스탄트교회와의 결합, 코리아타운의 경우 프로테스탄트 및 가톨릭교회와의 결합 등 각 출신국가 이민디아스포라의 전통사상과 정신의 연결, 이민학교의 경우 출신국의 언어와 전통문화계승 등을 들 수 있다.

기타 현지조사결과, 이민자의 초국가적 이동은 노동자-가족초청비자-타운의 형성의 순서로, 또 다른 루트는 유학-자영업자-타운의 형성의 순으로 나타났다. 이들은 처음에는 다양한 상인연합회-한인회를 통한 글로벌 네트워크를 구축하고 이를 통한 사회적응과 통합-귀화-신이민자 등장, 신이민자와 올드이민자의 갈등과 통합의 과정을 경험하기도 했다. 결국 이민자들은 신이민-올드이민, 올드이민-신이민의 반복, 갈등, 통합이라는 과정을 통해 이민사회를 형성하고 있었다. 이러한 작은 이민사회들은 이민자의 형성과 정착과정에서 중요한 역할을 하게 되는데 이들이 일계인타운, 차이나타운, 코리아타운의 형태로 나타나고 있었다. 향후 연구에서는 이들 3개 동북아민족 이민자들의 타운 형성 외에도 학교문화의 형성과 변화에도 주목할 필요가 있을 것이다. 현지조사에서 밝혀진 것은 일계인 디아스포라 사회는 일본인 노동력의 고임금에 따른 저임금노동력 유입으로의 대체, 노동자 계급성, 노동임금에 따른 이민정책, 일계인노동자-중국인노동자-필리핀노동자-베트남노동자 등 인종의 계급성이 확연히 드러나고 있는 것으로 나타난다.

1990년대 이후 도일하여 일본 아이치 현에 거주하는 일계인을 대상으로 그들 모국인 브라질과의 관계에 대하여 현지 조사 결과는 다음과 같다. 첫째, 일계인들의 일본 정주가 진행되면서 브라질 모국과의 사회적 관계는 점차 강화되고 있었지만 경제적 관계는 더욱 멀어지고 있는 것으로 나타났다. 이것은 일본 내 일계인 사회가 일본어 부족에 따른 방송이나 신문의 포르투갈어 사용으로 일본사회와 분리되는 또 다른 '정보 게토화' 현상을 단적으로 보여주는 것으로 아이러니컬한 사회적 상황을 연출하고 있는 것으로 생각된다. 또한 일계인 이민자들이 초기의 일시적인 돈벌이노동자에서 이민정착 단계로 들어서면서 경제적 상황은 점차 약화되는 현상의 한 단면을 보여주기도 했다.

둘째, 일계인의 브라질 모국과의 사회적 관계는 일계인 상호간 1주일에 1회 정도 친척이나 친구를 만나고 브라질에 재산 보유정도가 낮으며 향후 브라질 귀국의향이 강할수록 모국 브라질에 대한 사회적 관심도 강한 것으로 나타났다. 이러한 현상은 언젠가는 브라질로 귀국할 것이라는 계획을 가지고 있는 일계인들일수록 일본 내에서 일계인 간의 만남을 지속시키고 브라질에 대한 관심도 높은 것으로 생각된다.

셋째, 일계인의 모국 브라질과의 사회적 관계와 경제적 관계는 민족정체성과는 별도로 민족차별이 강화되면 모국과의 사회적 관계는 강해지고 반면, 경제적 관계는 약화되는 것으로 나타났다. 즉 모국 브라질에 민족정체성이 강할수록 사회적 경제적 관계도 강한 것으로 나타났다.

넷째, 일계인들은 그들의 모국 브라질과의 사회적 관계에서 민족정체성이 강할수록 단체 활동에 더욱 적극적이고 일본사회에서 민족차별을 느낄수록 브라질단체 활동에 소극적인 것으로 나타났다. 일계인의 모국과의 경제적 관계에서는 민족정체성이 강할수록 브라질과의 경제적 관계강화에 더욱 적극적이고 일본사회에서 민족차별이 강할수록 모국 브라질과의 경제적 관계는 더욱 소극적인 것으로 나타났다.

이상과 같이 일계인의 다중정체성과 모국과의 관계에서 생존전략은 한국 다문화사회의 외국인 이주민의 생존전략에도 적용할 수 있을 것으로 생각된다. 일계인의 일본에서의 생활은 모국 브라질과 밀접히 연동되어 있는 것으로 나타났다. 만약 일계인들이 일본에서의 생활이 어려워지면 그들 자신의 생활을 되돌아보게 되고 일본에서 생존하기 위한 다양한 변화와 개혁을 시도하게 되며 브라질과의 관계 강화에도 적극적으로 나서게 될 것으로 생각된다.

이번 현지 인터뷰조사 결과를 요약하면, 일본에서 일계인들은 법률적으로 '일본'과의 관계 때문에 일본인으로 우대받았지만 내면적으로는 일본인과의 차이 때문에 일본인이 아닌 '외국인'으로 인식되어 온 측면이 존재한다. 따라서 일계인들은 자기 정체성으로서 일계인 혹은 일본인이라는 양자의 선택상황에 따라 모국 브라질과의 사회적 경제적 관계도 결정된 것으로 나타났다. 이렇게 볼 때 일계인 디아스포라의 정체성의 선택상황은 글로벌시대 그들이 자유롭게 이동할 수 있다는 초국가성과도 밀접히 관련되어 있는 것으로 생각된다.

Ⅱ

일계인의 초국가성과 다중정체성에 관한 이론적 배경

1. 초국가성과 일계인 민족정체성의 변용

이 책의 내용은 일계인, 특히 일계브라질의 초국적 이주(Transnational)가 정체성(Identity)에 미치는 영향에 관해 논의하는 데 있다. 주지하는 바와 같이 일본에 거주하는 일계인들은 남미브라질로부터 일본으로의 이주를 돈벌이 현상(出稼ぎ: DEKASEGI)으로 규정하는 귀환이주(Return Migration)로 1980년대 후반부터 시작되어 1990년 일본법무성 입국관리법의 개정 이후 급증하기 시작했다. 이후 일본경제의 장기불황에도 불구하고 일계인 입국자 수는 계속 증가하여 한때는 일계인 30만 명 정도가 일본에 체류하기도 하였다. 그러나 세계적 경제 불황인 2008년 발생한 리먼쇼크에 의한 일계인의 브라질로의 귀환과 계속적인 체류인구감소로 인하여 일본 거주 일계인은 2018년 말 대략 20만 명 정도로 추정되고 있다. 이와 같이 일본에서 일계인을 비롯한 외국인 이주현상은 전 세계적인 글로벌화 현상에 따라 접경지역을 중심으로 한 초국적 이주에 대한 이민연구자들의 계속적인 관심과 주목을 끌어왔다. 일계브라질인의 이주는 일본에서 초국적 이주의 대표적인 사례로 꼽히고 있다. 이에 따라 일계인의 귀환이주는 해외연구자들의 계속적인 관심을 끌어왔고 현재 많은 연구성과들을 산출해오고 있다. 그러면 여기에서는 구체적으로 일계인의 초국가적 이주현상으로 인해 초국적 정체성(Transnational Identity)으로 불리는 새로운 정체성이 형성되어 가는 과정에 대해 살펴보고자 한다.

남미브라질 거주 일계인들에 대한 평가는 근면성, 성실성, 고학력 등으로 인하여 사회경제적 지위가 높게 평가되어 왔다. 브라질의 마이너리티 집단 중에서는 '긍정적인 마이너리티(Positive Minority)'로서 존경의 대상이었다. 마에야마 다카시(前山隆, 2001)에 의하면 일계브라질인들은 스스로를 '일본인' 혹은 '재패니스'로 지칭하고 주변의 백인을 중심으로 하는 다수집단(Majority)으로서의 비일계인들에 대해서는 '외국인', 혹은 '브라질레이'로 지칭하는 것으로 나타났다.[1] 일계브라질인들은 스스로를 일계인으로서의 민족정체성에 대한 강한 자부심과 구속성을 가지고 있다고 주장하였다.

모리 코이치(森幸一、1999)에 의하면 일계브라질인들이 도일하기 전에 가지고 있던 '일본이미지'의 내용은 매우 공통적이며 일본에 대한 이미지가 부모나 주변 일계인사회로부터 직간접적으로 형성된 스테레오타입이라고 주장한 바 있다.[2] 일본인 이민자들은 브라질사회에서 자신들이 '일본인'으로서의 정체성을 유지하게 될 때 그 미덕의 유무 여부가 자신들과 비일계브라질인(=외국인)과의 결정적인 차이로서 인식했다. 즉 일계브라질인들은 게으른 자나 범죄자 등 부정적인 이미지에 대하여 본래의 일본인이 아니라 '외국인'이라는 원래 브라질인의 성격으로 치부했던 것이다. 일계브라질인들이 자신들의 자녀들에게 계승하려고 했던 일본인의 이미지는 이상과 같이 브라질사회 중에서도 일본인과 일계인을 의식할 때 구축된 스테레오타입과 많은 부분이 공통적으로 중첩되어 있다.

일본의 초기 돈벌이 노동자들 중에는 모국 브라질에서 관리직 등의 화이트칼라, 교사, 의사 등 전문직에 속하는 이들이 많았다. 그러나 이들이 돈벌이노동자로서 일본을 방문하고 중개업자로 불리는 파견업자(업무청부업자)들에 둘러싸여 3K직장의 미숙련노동자로서 일하게 되자 화이트칼라에서 블루칼라로 사회경제적 지위가 갑자기 하락하였다. 외형적으로는 일본인의 모습을 하고 있지만 진정한 일본인이 아니라 문화와 습관이 다른 '브라질인=외국인'이라는 부정적인 평가를 받게 되면서 차별과 편견의 대상이 되고 말았다. 일계브라질인과 같은 직장에서 일하는 일본인 종업원의 시선에서 바라본 일계인노동자들에 대한 평가는 대부분이 이와 같은 부정적인 것이었다. 일계인들이 브라질에서 스스로를 '일본인'으로 여기고 이에 자부심을 가지

---

1 前山隆(1982) 「ブラジルの日系人におけるアイデンティティの変遷」『ラテンアメリカ研究』第4号。

2 森幸一(1999) 「ブラジルからの日系人デカセギの十五年一還流型移住としての〈デカセギ〉」『ラテンアメリカ・レポート』第16巻第二号。

고 있었던 일계브라질인들은 아이러니컬하게도 일본에서는 '외국인'으로 간주된다는 사실을 깨닫게 되었다. 일계브라질인의 대부분은 일본에서 돈벌이를 위해 단순노동에 종사하게 된다는 각오로 마음의 준비를 하고 도일하였지만 현실적으로는 일본에서 차별을 직접 경험하는 심한 심리적 충격을 동반하였다. 일계인들은 일본에 가면 공장에서 단순노동에 종사하지 않으면 안 되는 것을 알고 있었고 사회적 지위가 낮아지며 돈을 벌기 위해서는 어쩔 수 없다는 것을 알고 있었다. 그러나 실제로 공장현장에서 작업복을 입고 조립라인에 서게 되면 마음이나 프라이드에 큰 상처를 입게 되는 것이 현실이었다. 브라질에서 전문직이나 관리직, 혹은 기업의 경영자였던 일계인들에게 일본에서의 직업상의 지위나 자부심의 상실은 괴로운 경험이었고 상상할 수 없을 정도로 큰 고통이었다. 일계인들은 일본인의 피가 흐르고 외모로는 일본인과 똑같지만 일본에서는 브라질문화를 가진 일계인으로 간주되어 하드웨어는 일본제이지만 소프트웨어는 브라질제로 취급되고 있는 것과 마찬가지였다. 결국 일계브라질인의 일본에서의 사회적 지위는 긍정적인 마이너리티집단에서 부정적인 마이너리티집단으로 변해가는 과정에 있었다.

2. 일계인 민족정체성의 사회적 형성과정

일본에서 일계인의 정체성은 사회적으로 어떤 과정을 거쳐 형성되었는지에 대하여 사회적 정체성 이론에 의거하여 살펴보고자 한다. 일반적으로 일계브라질인의 정체성 변용패턴에 대하여 첫째, 일본인도 브라질인도 아니다. 둘째, 일본인과 브라질인의 성격을 절반씩 가지고 있다. 셋째, 일본인과 브라질인을 상황에 따라 구분하여 사용하고 있다. 넷째, 일본인에서 브라질인으로 바뀌었다. 다섯째, 더욱 브라질인 성격이 강화되었다. 여섯째, 더욱 일본인으로 강화되었다.[3] 마에야마(前山, 1992)는 일계브라질인 정체성의 역사적 변천을 생활전략 혹은 사회적 상승전략과의 연관성을 검토하여 8개의 정체성 모델을 구축한 바 있다. 브라질인 정체성 구축모델은 이민=비상속자 모델, 이민=일본인모델, 이민=게스트 모델, 2세=버려진 일본인 모델, 2세=매개자 모델, 2세=과도기 모델, 이민=이재자(罹災者) 모델, 이민=양자 모델 등 8개 정체성이었다.[4]

사회적 정체성 이론은 타지펠이나 터너(Tajfel&Turner, 1979)가 제창한 이론으로 집단 간 관계, 불평등한 권력을 가진 집단을 다루는 것으로 사람들이 집단의 성원과 집단 간의 상황을 유지 혹은 변화시키기 위한 개인적 집단적으로 동기 부여된 조건을 탐구하는 것을 목표로 하고 있다.[5] 즉, 사회적 정체성, 사회적 비교, 심리적 변별성과 같은 심리적 과정에 주목함으로써 집단 간 행동을 설명하려는 이론으로 집단성원의 주관적 시점으로부터 집단 간 행동원리에 접근하는 방법이다. 이론적 배경으로는 "인간은 사회적 환경을 내부집단과 외부집단으로 분류한다. 인간은 긍정적인 자기개념을 획득하기 위하여 투쟁하고 내부집단의 성원으로서의 사회적 정체성으로부터 자존심을 이끌어낸다. 인간의 자기개념은 어떻게 내부집단을 외부집단과의 상대적인 관계에 의해 평가되느냐에 의존하고 있다." 라는 가설을 전제로 하고 있다.

사회적 정체성 이론의 4개의 주요 개념은 카테고리화에 의한 실험에 의해 도출되었다. 카테고리화 실험은 비사회적 자극의 카테고리화에 관한 실험, 사회적 자극의 카테고리화에 관한 1960년대 후반부터 1970년대 초에 걸쳐 수행된 최소 조건집단의 실험 등이었다. 사회적 카테고리화는 환경에 질

---

3 延島明恵(1994) 「日系ブラジル人の自己定義の類型化 ： 日本で働く日系ブラジル人に関する社会 · 心理学的考察」『社会学心理学教育学』39、pp.29-36。

4 前山峰(1982) 「ブラジルの日系人におけるアイデンティティの変遷一特にストラテジーとの関連において」『筑波大学ラテンアメリカ研究』, pp.181-217.

5 Tajfel, H. & Turner, J. C. (l979) An integrative theory of intergroup conflict. In W. G. Austin& S. Worchel (eds.), The social psychology of intergroup relations. Monterey, Cal. : Brooks/Cole, pp.33-47.

서를 부여하여 자기와 동일시되는 초점을 부여하기 위해 자기주변의 내부집단과 외부집단 등 다양한 집단으로 분화시키는 것을 가리킨다. 이때 사회적 정체성은 집단 성원성에 결합된 가치나 정서적 특성을 동반하는 것으로 사회적 집단의 성원이라는 지식으로부터 도출되는 개인의 자기개념의 일부라고 할 수 있다. 사회적 정체성은 개인의 자기개념의 일부로 어느 사회적 집단의 성원이라도 개인의 지식에 유래하며 그 집단 성원과 결합된 긍정적 혹은 부정적 가치를 의미한다.

흔히 사회적 비교는 사람들이 자신의 권력이나 의견의 객관적 측정수단이 결여되어 있을 때 자기평가에서 부정확성을 낮추고 정확성을 획득하기 위하여 수행하는 경우가 많다. 사회적 비교에는 의견과 능력 이상의 것이 포함되기도 하고 객관적 비교가 불가능한 경우 사회적 비교를 수행해서는 안 된다는 주장도 있다. 사회적 비교는 내부집단과 외부집단의 특성을 비교하는 과정으로 사람들은 자신들이 소속되어 있는 내부집단을 외부집단보다 호의적으로 평가함으로써 자존감을 높인다는 것이다. 이때 집단성원이라는 사실이 부정적 정체성을 상대적으로 향상시키기 위하여 전략적 선택을 하게 된다. 이러한 동기에는 인지적 선택, 지위변화 가능성과 집단 간 상황의 불평등성을 자각하는 것이 필요하다. 인간은 인지적 선택을 자각하게 되면 우성 집단으로의 동화, 집단특성의 재정의, 사회적 창조, 경쟁과 같은 전략을 취하게 된다.

어느 집단의 지위향상을 위한 전략에서 개인적 지위를 높이기 위한 전략은 비교적 잘 활용된다. 개인적 지위향상을 위한 전략의 하나는 사회적 이동으로 불리는 것으로 불리한 집단으로부터 이탈하여 긍정적으로 평가되고 있는 집단으로 들어가려는 시도라 할 수 있다. 일반적인 사회시스템은 주관적 구조이기 때문에 개인은 매우 자유롭게 이동할 수 있지만 내부집단으로부터의 이탈이 불가능한 경우 집단 내 비교전략을 선택하게 된다. 외부집단의 존재가 명확하게 되면 내부집단의 유사성은 실제보다도 크게 자각하게 되기 때문에 다양한 정체성의 형성에 영향을 미친다.

3. 일계브라질인의 초국적 이동과 다중정체성

일본사회에서 부정적인 경험을 한 일계브라질인의 대부분은 호스트사회인 일본에 동화되지 못하고 주변화 된 존재로 남게 된다. 그 결과 일본으로의 이주 전에 가지고 있었던 일본과의 에스닉연대(Ethnic Network)로부터 거리를 두고 일본으로 이주한 후에는 일본으로 동화하는 것에 저항을 보이고 반대로 브라질인으로서의 민족주의 감정이 강화되고 자신이 브라질인이라는 사실을 강하게 의식하게 된다. 일본으로의 귀환이주를 선택한 일계브라질인들 가운데 나타나는 이러한 대항적 정체성(Counter Identity)에 대해서는 이미 많은 연구자들이 주장하고 있다.[6]

이 책에서는 특히 초국적인 이주(초국가성)가 경우에 따라서는 의도되지 않은 결과로서 민족주의를 양산하는데 기여한다는 사실을 강조하고 있다. 이러한 사례로서 일계브라질인들의 대항적 정체성은 구체적으로 어떠한 형태를 띠고 나타나는지 살펴볼 필요가 있다. 대항적 정체성의 사례로는 군마현 오이즈미마치(群馬県大泉町)에서 일계브라질인들이 주체가 되고 있는 삼바퍼레이드 축제를 들 수 있다. 1991년부터 시작된 오이즈미마치 삼바퍼레이드 축제는 매년 참가자가 증가하여 관광객들만 10만 명을 초과하고 있다. 그러나 일계브라질인들은 보통 삼바퍼레이드 축제에 참가하지 않는다. 삼바퍼레이드 축제는 궁핍한 사람들의 마쓰리(축제)라는 이미지가 강하기 때문에 중간계급으로 자칭하는 일계브라질인들은 참가하지 않았다. 일계브라질인들이 일본에서 삼바퍼레이드 축제를 시작한 것은 그야말로 일계인의 대항

6 コガ、エワニセ・アケミ・イシカワ(1994) 「日系ブラジル人のアイデンティティー文化資本から見た日系人アイデンティティー」『御茶ノ水女子大学人間文化研究年報』第一九号。

적 정체성의 사례를 그대로 보여주는 현상으로 생각할 수 있다.

일계인의 대항적 정체성의 사례는 호스트사회 일본에서 일계인들이 동화되지 못하기 때문에 일본문화로의 동화를 거부하고 일부러 브라질문화와의 동일성을 강조함으로써 자기 정체성을 지키려는 심리학적 전략이라 할 수 있다. 반대로 어떻게든 일본사회에 동화되기 위한 문화적 동화를 시도하는 일부 일계인브라질인들이 경험하는 심리적 문제가 심각한 병리현상을 초래하는 경우가 있다. 일본사회에 동화되기 위하여 원래 가지고 있던 자기정체성을 부정하고 무리하게 일본인이 되려고 시도함으로써 일본사회에 잘 적응하는 것처럼 보이지만 실상은 그렇지 않다. 이들은 정체성의 확대, 심리적 스트레스와 불안, 일계인동료로부터 소외, 그리고 궁극적으로는 부정적인 자기이미지의 내면화 등에 의해 고민하고 있는 경우가 대부분이다.

초기 일계인들의 돈벌이현상과는 대비되는 최근 돈벌이현상에서 보이는 특징 중의 하나가 일본 체류장기화 혹은 영주화경향이다. 그리고 또 하나는 돈벌이 주체의 다양화라 할 수 있다. 초기 일계인 돈벌이에서는 일계인 1세와 일계인 2세가 주체였지만 최근에는 일본인의 배우자로서 비일계인들이 등장하고 있다. 이들 일계브라질인의 신체적 특징은 일계인과 전혀 다르고 대부분의 경우 일본어를 구사할 줄도 모른다. 여기에다 정주자로서 일계인 3세가 증가하는 등 같은 일계인의 범주에 포함되어 있지만 다양화되고 있는 추세이다. 여기에서 일계인의 새로운 정체성이 만들어지고 있는데 이러한 정체성을 '일계인 정체성'이라 부르고 있다. 일계인의 신정체성의 형성배경에는 일본국내에서의 일계브라질인 노동자에 의한 범죄, 생활상의 제반문제가 다발적으로 발생하고 있다는 매스미디어의 보도에 접촉함으로써 '브라질인'이라는 사회적 범주에 부여된 이미지가 악화되고 있는 현상 때문이기도 하다. 여기에서 범죄나 문제를 발생시키는 것은 비일계인이며 순수한 일계인들은 '브라질인'과는 다르다는 차별화를 통해 '일계인 정체성'이 등장하게 되었다고 볼 수 있다.

지금까지 브라질로부터 일본으로 돈벌이를 위해 초국적 이주를 선택한 일계인 정체성의 변용을 확인하였다. 도일 전에는 '일본인'으로서의 정체성을 가지고 있던 일계브라질인들은 일본사회의 차별과 편견에 마주함으로써 초기에는 자기정체성의 혼란 혹은 위기를 경험하게 된다. 이러한 정체성 혼란을 극복하기 위한 심리학적 전략으로서 브라질인 정체성을 형성하고 이후 상황변화에 따라 '일계인 정체성'으로 불리는 새로운 정체성을 구축하게 된다. 현재 초국적 이동에 의해 일계인들의 정체성은 매우 다양화되고 복잡화되는 양상을 보이고 있으며 이러한 경향은 향후에도 끊임없이 새로운 정체성을 출현시킬 것으로 예상된다.

4. 정체성의 다양성 사례: 중국조선족과 일계인의 비교

전술한 바와 같이 글로벌시대 정체성은 항상 변화의 가능성이 존재한다. 이러한 정체성의 가변성의 결과 다양한 정체성이 출현하고 있는 것이 초국적 이주시대 정체성의 특징이라 할 수 있다. 정체성은 1950년 에릭슨이 '자신은 누구이며 무엇을 해야만 하는가?'라는 청소년기 개인의 마음속에 간직하고 있는 자기동일성이라는 정체성 개념을 주창한 이후 국내외 관련 연구들이 대거 등장해 왔다. 최근 정체성은 심리학을 비롯한 철학, 사회학, 정치학, 문화인류학, 언어학, 교육학 등 다양한 학문적 범위와 연구영역으로 확대되었으며 관점도 다양화되었다. 하지만 글로벌시대 정체성의 개념은 여전히 논란의 중심에 서 있고 개인의 정체성, 집단의 정체성, 사회적, 문화적, 민족적, 국가적, 성적, 직업적 정체성 등과 같은 다양한 정체성이 계속해서 출현하고 있는 상황이다.

에릭슨이 제창한 1950년대 자기동일성이라는 정체성의 개념은 점차 확대되어 1960년대에는 성, 민족, 직업, 가족 등에 초점을 둔 정체성 연구들이 대거 등장했다. 그리고 1970년대에는 성정체성이나 민족정체성에 대한 연구들이 대거 등장하여 정체성의 유형화 작업들이 이루어졌다. 1980년대 중반부터 1990년대에 이르러서는 민족정체성이나 사회 정체성에 관한 연구들이 등장하였다. 이러한 다양한 정체성의 등장배경에는 당시의 사회적 상황이 그대로 반영되었다. 가령 1960년대 후반부터 여성해방운동이나 동성애자 해방운동이 한창이었고 이는 1970년대 성정체성 관련 연구들이 대거 등장하는 요인이 되었다. 특히 1970년대에는 인종, 민족, 젠더, 성적 지향, 장애 등 사회적으로 억압받기 쉬운 특정의 정체성을 가진 집단들이 각각의 정체성을 공유하는 집단들과 연대하여 자기들의 고유 문제를 해결하려는 정체성의 정치(Identity Politics)가 유행하기도 했다. 1980년대 후반부터 급증한 민족정체성 관련 연구는 세계 각지에서 민족분쟁이 격화되던 시기와 맞물려 있다.[7]

1970년대 이후에는 사회학이나 정치학분야에서 디아스포라 집단과 관련된 정체성이 주목받게 되면서 최근까지 디아스포라 정체성에 착안한 연구들이 계속해서 증가해 왔다. 특히 복수의 민족이 상존하는 지역에서의 민족정체성 및 국가정체성에 대해서는 한국에서도 세계의 특정 지역이나 민족을 대상으로 다양한 관점에서 연구가 진행되어 왔다. 가령 코리안 디아스포라에 대해서도 해방 전후 해외로 이주한 재외동포와 그 자손, 해외 단기 체류자 및 유학생 등 재외국민, 중국조선족이나 고려인 디아스포라 등 한국 이주동포나 외국인, 한국체류 유학생, 한국인과 결혼한 외국인 배우자 및 그 자녀, 고려인 귀국자 및 그 자녀, 중국조선족 및 그 자녀 등 다양한 연구들이 출현하였다.

글로벌화의 진전은 이문화와의 접촉기회를 증가시켜 다양한 형태의 정체성 관련 연구들이 등장하는 계기가 되었다. 그러나 이러한 정체성 관련 연구들의 성과를 살펴보면, 다양한 시점을 가지고 접근하여 문화 간 이동이나

---

7 丸井ふみこ. 2012. "アイデンティティ研究の動向ー異文化接触・言語との関係を中心にー," 『言語・地域文化研究』18. pp.193-209。

이에 따른 이문화 간 접촉이 개인의 정체성 형성이나 혼란, 변용 등에 크게 영향을 미치고 있다는 점을 규명하고 있다.

여기에서는 일례로 중국조선족과 일계인의 초국적 정체성의 역사적 변천과정에 대하여 주목하여 살펴보고자 한다. 중국조선족의 정체성의 형성과정에 대해서는 강수옥(2013)의 연구에 잘 나타나 있다.[8] 중국조선족들은 1952년 이후 중국에서 '조선족'이라는 소수민족의 신분을 부여받게 되었고 그들만의 정체성을 형성하며 살아왔다. 중국조선족들은 1992년 한중수교 이후 중국도시나 해외도시로 이동하기 시작했으며 대부분 그들 조상들의 땅이라는 한국으로의 이주가 많았다. 강수옥(2013)은 중국조선족의 정체성의 다양성에 대해 황유복(2014),[9] 김호웅(2010),[10] 김강일(2010)[11] 등의 연구를 종합하여 3가지 유형으로 제시하였다.

이들 세 가지 조선족의 정체성에 대하여 자세히 살펴보면 "국민정체성", "이중정체성", "제3의 정체성"으로 요약할 수 있다. 먼저 황유복(2014)이 주장하는 조선족의 정체성은 '국민정체성'으로 민족과 국적을 분리한 중국계 조선족이라는 '우리는 100% 조선족이다.'라는 말에 함축되어 있다. 그는 한반도의 민족적 뿌리와 중국국민이 되어가는 과정을 강조한 것으로 중국에서 주류집단으로의 편입과 중국계 조선족으로서 한국과의 가교역할을 강조하였다. 김호웅(2010)은 중국조선족의 정체성에 대해 근대 디아스포라적 시각에서 접근하여 '이중정체성'을 주장하였다. 즉 조선족은 정치적으로는 중국화 되었지만 문화적으로는 한반도 문화와 밀접히 관련되어 있는 '코리안 디

---

8 강수옥(2013) "중국조선족의 역사적 형성과 정체성" 『디아스포라 연구』7(1), pp.89-101.

9 황유복. 2014. "조선족 정체성에 대한 담론,": http://cafe.daum.net/kctown/mVIw/121?q(검색일: 2017.07.30.).

10 김호웅. 2010. 『중국조선족과 디아스포라』2010년 2월 18일 한국방송통신대학교 재외한인학회 포럼 발표논문.

11 김강일. 2010. "조선족의 정체성과 향후 역할에 관한 연구," 『동북아공동체연구회』, pp. 133-134.

아스포라'의 한 축이라고 지적하였다. 그는 조선족의 이중정체성에 대해 민족문화의 정체성을 보전하면서 주류민족의 장점을 수용하여 자립 민족을 지향해야 한다고 주장하였다. 김강일(2010)은 조선족의 '변연문화론'을 주장하여 '제3의 정체성'을 주장하였다. 그의 주장은 조선족의 이중문화적 성격을 활용하여 중국문화와 한반도문화의 취사선택전략으로 제3의 조선족문화를 발전시켜야 한다는 것이었다.

이상과 같이 초국가시대 중국조선족의 정체성은 과계민족으로서 중국국적을 소유한 국민정체성, 디아스포라적 관점에서 이중정체성, 이중문화 성격의 적극적 활용을 주장하는 '제3의 정체성' 등으로 구분하고 있는 것으로 나타났지만 향후 다양한 형태로 분화될 것으로 생각된다.

그러면 기존연구를 통해 일계인의 초국적 정체성의 다양성에 대하여 살펴보고자 한다. 본 연구에서는 브라질에서 일본으로 귀환한 일계브라질인 중심으로 살펴보았다. 일계브라질인들은 1990년대 일본정부의 노동력 부족으로 인한 이민수용정책으로 3K분야에서 종래의 입국관리법을 개정하여 많은 일계인들을 브라질 현지에서 직접 수용하기 시작했다. 일본정부가 노동자로서 일계브라질인들을 적극 수용한 이유는 브라질 국적이지만 일본인으로서의 강한 정체성을 유지하고 있을 것이라는 신뢰감 때문이었다. 그러나 현실적으로 이러한 예상과는 정반대의 현상이 발생했다.

무라이 타다마사(村井忠政、2007)의 연구에 의하면 일계브라질인들이 도일하기 전에는 일본인의 정체성이 강했지만 도일 후에는 일본의 사회적 차별과 배제를 경험하면서 브라질인 정체성을 지향하게 되고 결국에는 100% 일계브라질인 정체성을 지향하게 된다고 주장하였다. 이러한 주장은 황유복(2014)의 조선족 정체성의 주장과도 맥락을 같이하고 있다.[12] 이러한 일계브라질인의 정체성에 대하여 임영언(2016)의 연구는 일계인의 초국적 정체성을

---

12 村井忠政. 2007. "トランスナショナルな移住とアイデンティティの変容ー日系ブラジル人の〈デカセギ〉現象を事例として,"『人間文化研究所年報』、p.23.

세 가지 유형으로 분류하여 설문조사를 통해 검증한 바 있다.[13] 그는 일계브라질인의 초국적 정체성을 분석하여 제1유형(일본인 정체성 지향), 제2유형(브라질인 정체성 지향), 제3유형(일계인 정체성 지향)이라는 결과를 도출했다. 이들 초국적 정체성 유형을 상세히 살펴보면 제1유형은 일계인 노동자들이 도일하기 전 브라질에서 지향하는 '일본인 정체성'을 지칭한다. 제2유형은 일계인 노동자들이 도일 후 사회적 차별과 배제로 주류문화에 대한 저항적 정체성(Counter Identity)으로 '브라질인 정체성'을 형성한다는 것을 의미한다. 제3유형은 일본에서 일계인의 정주현상이 증가하고 정체성이 다양화되어 독자적인 '일계인 정체성'을 형성하려는 움직임을 말한다.

이상과 같이 글로벌시대 민족의 초국적 이동은 다양한 인종과 이문화의 잦은 충돌로 인해 그들 특유의 정체성에 혼란을 초래하거나 이를 통해 아예 새로운 정체성을 재형성하려는 움직임으로 연결된다는 것을 가정할 수 있다.

5. 초국적 정체성의 가변성과 다양성

제2장의 목적은 글로벌시대 일계인 정체성의 가변성과 다양성을 전제로 초국적 정체성의 개념의 변화를 추적하고 정체성의 작동메커니즘, 형성과정과 역할기능 등을 고찰하는 데 있다. 기존연구에 따르면 초국적 정체성의 경향은 글로벌화와 다문화주의의 영향이 크다고 지적하고 있다.

특히, 이 연구는 중국조선족과 일계브라질인을 사례로 초국적 정체성에 관한 논쟁과 다양성에 대해 고찰하고 있다. 연구 결과는 다음과 같다. 첫째, 초국적 정체성 논쟁은 결국 이주자 개인이 자기인식에 대한 자기결정을 어떻게 대응해 나갈 것인가라는 인정과 타자와의 관계성에 의해 결정되는 것

---

13 임영언외. 2016. "일계인의 모국연계와 민족정체성 지향에 관한 조사 연구," 『일본문화연구』 58, pp.283-306.

으로 나타났다.

둘째, 글로벌시대 출현한 개인적 정체성, 집단적 정체성, 문화적 정체성, 국가적 정체성 등 다양한 정체성의 출현은 이주자의 개인적 경험이나, 상호작용, 불안정한 지위, 정치적지지 등 다양한 요소들이 결합되어 형성된 것으로 나타났다.

셋째, 글로벌시대 정체성의 개념은 에릭슨의 정체성 형성 가설을 훨씬 초월하여 끊임없는 의미확대와 재생산을 통해 일반인들에게 전파되는 것으로 나타났다. 그 이유는 정체성의 개념자체가 개인보다는 민족과 국가라는 보다 확대된 의미에서 국가이데올로기로서의 기능을 수행해온 측면이 있었기 때문이다.

넷째, 초국적 정체성이란 개인의 생물학적 특성이든 민족의 추상적인 개념이든 자기결정의 주체성과 감정이나 의지에 따라 끊임없이 반복 재생산되고 있는 것으로 나타났다. 이는 특히 글로벌시대의 도래가 초국적 정체성의 가변성과 유동성을 통한 정체성의 다양성을 초래하였다는 의미이다. 그리고 이러한 초국적 정체성의 역할은 개인과 집단의 강약, 분리와 통합, 새로운 집단의 형성과 유지 등과 직접적인 관련성을 가지고 존재하는 것으로 나타났다.

다섯째, 중국조선족의 초국적 정체성은 과계민족으로서 중국국적을 소유한 국민정체성, 디아스포라적 관점에서 이중정체성, 이중문화의 특징을 적극적으로 활용하자는 '제3의 정체성' 등으로 다양하게 분화되고 있는 것으로 나타났다.

여섯째, 일계브라질인의 초국적 정체성은 그들이 처한 입장과 시대적 상황에 따라 제1유형(일본인 정체성 지향), 제2유형(브라질인 정체성 지향), 제3유형(일계인 정체성 지향) 등으로 나타났다.

이상과 같이 일반적으로 정체성의 개념이 초기 생물학적 개인적 수준에서 추상적인 민족 정체성의 개념으로 급속히 전환되어왔다. 그 배경에는 처음부터 정체성이라는 개념 속에 국가정체성이라는 개념을 함의하고 있었기 때문으로 생각된다. 그러면 왜 정체성의 개념이 글로벌시대 각 민족이나 국가에 급속히 전파되었는가에 대해 생각해볼 필요가 있다. 그것은 바로 글로벌시대 초국적 이동으로 인한 정체성의 위기에 따른 자본주의의 위기와 변질, 국민국가의 위기와 변질과도 관련되어 있다. 결국 정체성의 개념은 국민국가와 동일성을 강조하는 국가이데올로기로서의 내셔널리즘이나 국민국가의 부활을 도모하는 데 활용하는 측면도 있지만 한편으로는 국민국가를 비판하고 단점을 보완할 수 있는 방안을 제공해주는 양의성을 가지고 있다는 점을 간과해서는 안된다.

글로벌시대 다문화주의는 가변성이 강한 이민사회를 대상으로 고정적인 문화개념이나 민족정체성이라는 두 가지 측면을 강조하는 모순을 안고 있다. 그렇기 때문에 문화적 정체성은 국적을 초월하여 문화적 국경을 초월하는 역할을 할 수 있다. 왜냐하면 디아스포라 정체성(Diaspora Identity)은 "항상 변화와 차이를 통해 자기를 새로운 정체성으로 생산 또는 재생산해 나가는 과정에 있기 때문이다."와 같이 알베르토 메르치[14]가 '현재에 살고 있는 유목민'이라고 정의하는 정체성 개념에 함축되어 있다. 이는 초국적 이동시대에 생활하고 있는 이주민의 정체성이 분쟁이나 사회운동이라는 집단행동 시 나타나는 정체성과도 유사한 유동성과 다양성을 함의하고 있다는 점을 시사하고 있다.

노부시마 아키에(延島明恵、1994)의 연구에 따르면 일계인의 정체성은 일계인=브라질인, 일계인=브라질인+일본인, 일계인=방랑자 등 크게 3가지 유형으로 분류하고 있다. 이러한 맥락에서 일계브라질인들을 일률적으로 일본인 혹은 브라질인으로 구분하기 힘든 측면이 있다. 일계인의 객관적인 특성은 일본인적인 측면(언어, 식사 등 습관)의 유지라는 점에서 이들 사이에 매우 큰

---

14 アルベルト・メルッチ、山之内靖. 1997.『現在に生きる遊牧民(ノマド)ー新しい公共空間の創出に向けてー』岩波書店、pp.29-30。

개인차가 존재하고 있다. 일계브라질인들 중에는 일계인 사회의 중심역할을 담당하고 있는 매우 일본적인 사람도 있지만 일계인 사회와의 연결이 전혀 없고 일본어도 전혀 구사할 줄 모르는 사람도 있다. 주관적인 측면에서는 개인이 가지고 있는 객관적인 특성에도 불구하고 브라질인이라는 사실을 희망하는 사람이 있는 반면 일본에서는 일본인이라는 사실을 원하는 사람도 있다. 일계브라질인을 포함하여 일계인이 일본인과 공유하고 있는 습관이나 직업에 대한 태도는 일계인 이외의 외국인과 비교하는 것이 타당할지도 모른다. 하지만 먼저 일계인을 일계인으로서 존중해나가는 자세가 그들과의 '공생'을 지향하는 과정에서 요구되고 있다. 즉 일계인의 정체성에 대하여 일계인=외국인 혹은 일계인=일본인이라는 양자택일적인 시점이 아니라 이제는 다양한 가능성을 가진 존재로서 일계인을 이해할 필요가 있다.

III

해외민족교육정책과 민족정체성 형성

이 장에서는 해외거주 일계인을 중심으로 초국가성(모국 일본과의 연계성), 다중정체성의 특징에 대하여 기술하고자 한다. 특히 미국지역, 남미 브라질과 파라과이 지역에 거주하는 일계인에 대한 일본정부의 민족교육정책과 이를 통한 정체성 형성과정을 다룰 것이다. 일계인의 초국가성 관련 중심 내용에 대한 기술은 일본에 송금, 가족이나 친척과의 교류 및 방문, 모국 일본에 대한 기대나 희망 등 일계인의 일본과의 연계활동에 관한 내용을 의미한다. 일계인의 다중정체성은 해외일계인 1세, 2세 3세의 민족정체성과 이와 관련된 일본어 교육활동(일본 내, 해외 포함 일본어 교육 및 문화활동 등)을 중심으로 살펴볼 것이다.

사진 3.1 일계인 이주지 생활세계(라이프 사이클)

1. 재미일계인의 민족교육과 정체성 형성

1) 지역적 분포 및 인구학적 특성

2018년 10월 1일 시점에서 해외에 체류하는 일본인의 총수는 133만

8,477명으로 전년보다 2만 1,399명(약 1.6%)이 증가한 것으로 나타났다. 해외 체류 일계인의 통계를 공개한 1968년 이후 가장 많이 증가한 수치이다. 이런 가운데 '장기체류자'(3개월 이상의 해외체류자 가운데 해외에서의 활동은 일시적인 것으로 언젠가 귀국할 예정인 일본인)는 87만 49명(전년 대비 1만 55명의 약 1.2% 증가)으로 재외방인 전체의 65%를 차지하였고 '영주자'(당시 거주국으로부터 체류자격을 인정받아 생활의 본거지를 일본으로부터 해외로 이동한 재외방인)는 46만 8,428명(전년 대비 1만 1,344명의 약 2.5%)으로 증가하였다.

대륙별로는 '북미'가 재외방인 전체의 약 37%(49만 1,844명)을 차지하여 1985년 이후 계속해서 가장 높은 순위를 차지하였다. 이어서 '아시아'가 약 29%(39만 2,216명) '서유럽'이 약 16%(21만 3.202명)의 순으로 나타났다. 이들 세 지역이 재외방인 전체의 약 80% 이상을 차지하고 있는 것으로 나타났다.

국가별로는 '미국'이 재외방인 전체의 약 32%(42만1, 665명), '중국'이 약 10%(12만 8, 111명)정도 체류하고 있어 이들 양국이 재외방인의 약 40% 이상을 차지하고 있었다. 미국도시별로는 '로스앤젤레스'지역에 재외방인 전체의 약 5.0% (6만 7,505명), 아시아에서는 태국 '방콕'에 약 3.8%(5만 966명), '뉴욕' 도시지역에 약 3.5%(4만 6,917명), '상해'에 약 3.3%(4만 4,387명)정도 각각 체류하고 있어 이들 4개 도시(권)에 재외방인 전체의 1.5% 이상을 차지하고 있는 것으로 나타났다.[1]

2) 민족교육과 정체성의 특징

재미일계인 1세는 일본어를 바탕으로 한 민족교육을 받았으나 소수의 일본인은 미국의 초등학교에서 대학교까지 진학하는 경우도 있었다. 일본인 1세대의 이민은 학업이 목적이 아니라 이민을 목적으로 한 도미였기 때

1 일본외무성 해외체류 재외방인 조사통계 http://www.mofa.go.jp/mofaj/files/000260884.pdf.

문에 미국의 학교 교육보다는 그들에게 실제로 필요한 영어, 사회도덕이나 생활 습관 등을 듣고 배우거나 미국에서 학업을 마친 일본인 선배나 교회목사 등 이민초기부터 중기에 걸쳐 많았던 사숙이나 교회 내의 테라코야(寺子屋)식 교육, 즉 일본식 교육에 의한 것들이 많았다.

이와 다르게 미국에서 자란 일계인 2세는 미국 시민에 대한 의무교육으로서 초등학교에서 중등교육에 이르는 학교교육과정을 이수하고 전문학교나 대학에 진학하는 경우가 많았다. 일본인이 가장 많이 거주하는 캘리포니아 주의 학교에 통학하는 학생, 즉 일본인 아동 수는 1934년 조사에서 약 1만 8,000명[2] 정도로 알려져 있는데 이들 중 각종학교에 통학하는 학생, 아동의 총수는 더 많은 것으로 파악되었다.

사진 3.2 일계인 이주지 라이프 히스토리

재미일계인의 교육사업은 당시 유일하게 존재했던 일본어학원 경영이었다. 일본어교육과 관련하여 당시에는 일본정부, 미국정부로부터의 지원이 거의 없었고 지역 유지의 일본인에 의존하여 일본어학원을 경영하거나 개인의 비영리사업으로 학교를 경영하는 등 초기교육에 많은 어려움을 겪었다.

2 加藤新一編(1961)日米修好百年祭記念『米國日系人百年史』新日米新聞社, p.114.

일본어학원은 미국의 공립학교의 통학규정에 의해 일계인 2세 아동들은 어쩔 수 없이 매일 두 개의 학교에 다녀야 하는 경우도 많았다.

3) 재미일계인 2세의 민족학교 건립기

미국이민 2세대 일본인의 교육의 역사는 초기, 중기, 후기 등 크게 세 시기로 나누어 살펴볼 수 있다. 초기는 이민의 정착과 일본어학원 건립기, 중기는 캘리포니아 주 의회에서 발의한 '외국어학교단속법안'에 의한 일본어 교육 수난기. 그리고 제도의 불합리성을 극복하고 일본어학원교육이 전성기를 맞이한 후기로 구분할 수 있다.

초기 일본어 학원의 정착과 건설은 1902년 워싱턴 주 시애틀 시에 시애틀 일본어학교가 건립되었고, 캘리포니아 주에서는 샌프란시스코에 가나가와 현 출신 사노 케이조(佐野佳三) 부부가 1903년 1월 12일 일본인 소학교를 개교한 것이 최초였다. 또한 같은 해 807번지 포크가(街)에 샌프란시스코 불교회(桑港仏教会)가 우에노 샌프란시스코 영사, 도네자와 마사무네 은행지점장, 기타 재외방인 유지의 협찬을 얻어 메이지 소학교를 건립했다.

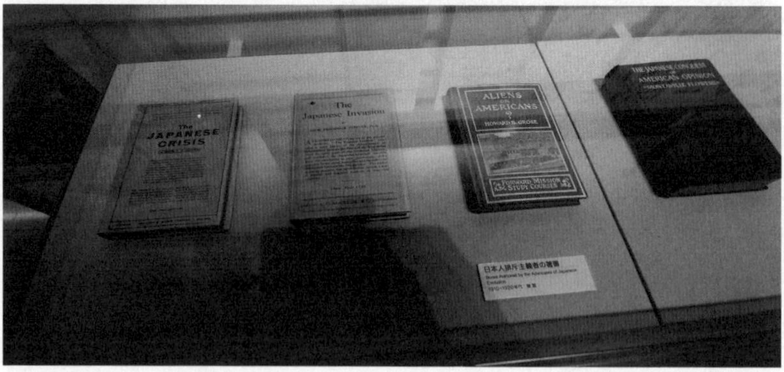

사진 3.3 일계인 배척주의자 저서

샌프란시스코 시에서는 416번가(街)에 불당을 갖고 있던 새크라멘트 불교회(桜府仏教会)가 같은 해 1903년 11월 불교회부속사업으로써 사쿠라 학원을 건립하여 캘리포니아 주 최고(最古)의 일본어 학원이 되었다.

당시 재미 일본인들의 통학 아동수가 적어 학교 경영이 용이하지 않아 교장 사노 케이조는 학교 경영의 돈을 마련하기 위해 직접 교사로 활동하거나 보석 상인으로 활약하며 분투하였다. 한편 재미일본인 지식인들 사이에서는 일본인학교 건립 의견에 반대하였고 미국 공립학교에 동양인 아동 배척기운이 높아져 이에 대한 의견들이 활발히 논의되고 있었다. 특히 샌프란시스코에서는 사노 케이조의 일본소학교와 불교회의 메이지소학교가 1906년 대지진에 의한 피해를 입고 일본소학교를 일본학원으로 개칭하였으며, 1765번가(街)의 메이지소학교는 교회와 함께 1617번가(街)로 이전하여 학교 부흥을 노렸다.

이듬해 1907년 10월 1일 샌프란시스코 교육국은 갑자기 공립학교에 재적하는 일본인 아동에 대한 퇴교명령을 내리고 동양인 격리학교에 일본인아동들을 전학시키려고 하였다. 이 사건은 일미양국의 심각한 외교문제로까지 확대되었다. 미일시민으로서 의무교육을 저지당한 일본인들은 자녀들을 위하여 재미일본인협회(나중에 일본인회)를 통해 지진으로 인해 잃어버린 교재를 일본학원에 자금을 보조해 주고 백인교사 3인을 고용하여 공립학교 과정을 병설했다. 일본인의 하와이로부터의 전항금지를 조건으로 일본인 아동의 복교 움직임이 있었지만 이때 일본학원에 공립과정을 수료한 아동들은 일본학원에서 받은 성적표를 제시하지 않으면 안 되었다.

재미일본인의 정주화와 더불어 아내와 자녀를 동반하여 도미하는 자들이 증가하고 학령에 이른 자녀의 수가 많아짐에 미국 각지에서 일본어학원이 설립되었다. 1902년부터 1912년경까지 설립되었던 학원 수는 캘리포니아 주 15개교, 오리건 주 1개교, 워싱턴 주 3개교에 달했다. 학원의 증가는 일본인의 이주 양상을 반영하는 결과라고 볼 수 있다. 각지에 일본어학원이 설립되었으나 당시 학원의 방침은 서로 달랐고 일본어 교육을 중심으로 하는 학원에서부터 미국의 교육을 중심으로 하는 곳까지 수업과목도 천차만별이었다. 이들 중 일본 문부성 산하에 역사, 지리, 수신, 도화, 산술을 가르치는 곳이 있는가 하면, 일본어만을 교육하는 곳도 있었다. 이렇게 상호 연락망이 없고 중구난방이었다. 교육정책을 위해 샌프란시스코 재미일본인회는 1912년 4월 4일과 5일 각지 일본어학원 연락망을 만들기 위해 재미일본인 교육자 대회를 개최하였다. 이 대회에는 각지 일본인 교육자, 학원 관계자 약 30여명이 초대되었다. 이때까지 상호 연락망이 없고 일본인 교육정책에 대한 교류가 없었던 캘리포니아의 일본어학원들은 이 대회를 계기로 일본어학원협회를 조직하였다.[3]

4) 민족학교의 수난기

학령기 아동의 증가와 재미일본인교육협회 설립으로 재미일본인의 일본어 교육열이 왕성하게 되자 각지에서 경쟁적으로 일본어학원이 설립되기 시작했다. 1914년도 조사에 의하면 일본어학원은 캘리포니아 주만 31개교, 기타 워싱턴 주에 3개교, 오리건 주 1개교, 캐나다에 3개교의 학원이 창설되어 총 38개교에 달했다.

1912년부터 1922년경까지 10년간 설립된 일본어학원 수는 캘리포니아에서만 40개교에 달했다. 미국에 대한 관심이 높아지고 1917년 제1차세계대전에 대한 미국의 참전 이후, 아메리카나이제이션(Americanization, 미국화)이 강화되어 외국어학교에 대한 압박은 갈수록 심해졌다. 이와 함께 먼저 독일어학교가 희생양으로 일본인, 중국인, 이탈리아인 등의 각각의 사립학교도 미국의 압박이 강화되었다.

3 앞의 책, 加藤新一編(1961), pp.116-117.

1912년 캘리포니아 주 의회에서 돌연 파커의원이 제출한 '외국어학교단속교육법안'이 만장일치로 미국 상하양원에서 통과되어 캘리포니아 주의 일본어학교는 독일어와 기타 외국어학교들과 함께 단속법 아래 놓이게 되었다. 당시 법안의 내용을 보면 다음과 같다.[4]

첫째, 해당 주에 있어 사립외국어 학교를 경영하거나 교사인 자들은 먼저 학무감독관 또는 그 대리인이 허가서를 제출하여 허가를 받아야 한다. 또한 이러한 종류의 모든 교무를 맡은 자도 마찬가지이다.

둘째, 사립외국어학교사의 면허는 학무감독관 또는 그 대리인의 지원자가 민주주의의 사상과 같은 미국지역 및 정치체제에 관한 지식을 갖고 영어를 읽고, 쓰고 말할 수 있는 자로 인정되는 경우에 한하여 부여한다. 단, 영어의 지식에 관한 조건은 1923년 7월 1일까지는 관대하게 해석한다.

셋째, 학무감독관 또는 대리인은 사립외국어학교 경영권이나 교사면허를 부여하기 이전에 지원자가 본법의 조항 및 학무감독관 또는 그 대리인의 규정과 규칙명령을 준수하고 학생들을 충성스러운 미국시민으로서의 학생정신, 학업을 잘 이끌며 본 취지에 반하지 않는다는 교육을 맹세하는 뜻의 서약서를 제출해야 한다.

넷째, 사립외국어 학교는 매일 아침 공립학교의 개교 전 또는 수업 중에 가르치고 같은 학교의 학생이 매일 한 시간 이상 내지는 일주일에 여섯 시간 이상, 또는 한 학년 38주 이상 같은 학교에 통학할 수 없다.

다섯째, 학무감독관은 수시로 외국어학교의 수업과목 및 교과서를 인정하는 전권을 가지고, 동교경영자 또는 그 교사는 감독관에 의해 인정받은 수업과목 또는 교과서 이외의 것을 사용할 수 없다.

여섯째, 학무감독관 또는 그 대리인은 수시로 사립학교를 시찰할 수 있는 권리를 가지며 만약 시찰의 결과 또는 다른 곳에서의 정보에 의해 학교의

4 上和賀子.(2014).アメリカ日系移民二世のための日本語教育:『米國日系人百年史』から, pp.273-274

교사가 법의 규정을 위반하고 학교를 지도하고 있다는 것이 알려지게 될 경우 그 허가증을 취소하고 적당한 교사를 찾을 때까지 학교의 폐쇄를 명령할 수 있다.

일곱째, 본법의 규정에 반하는 사립외국어학교를 경영하거나 또는 경죄에 해당될 경우 25달러 이하의 벌금에 처한다.

여덟째, 학무감독관은 시, 군의 학무감독관을 때에 따라 대리인에 임명하고 그 관할시, 군에 있는 사립외국어학교를 시찰할 수 있다.

아홉째, 본 법 중에 '사립외국어학교'에 들어가는 항목은 일요학교를 제외하고 영어이외의 언어를 교수하는 학교를 의미한다.

이에 따라 재미일본인 교육회는 다음과 같은 대책을 세웠다. 1920년 11월 프레즈노 시에서 개최한 제9회 총회에서 '재미일본인교육회'라는 명칭이 부적당하다고 생각하고 이것을 '일본어학원협회'로 개칭하였다. 더욱이 학교명도 종래의 '소학교'로 칭하던 것을 '학원'으로 개칭할 것을 결의하고 일본어소학교는 일제히 일본어학원으로 개칭하였다. 총회는 일본학원협회의 목적을 "본 협회에 연락하는 각 학원의 미국공립소학교의 정신에 기초하고, 착하고 바른 시민교육을 보조하는 것에 있다."라는 강령을 정하고 다음의 4항목을 만들어 캘리포니아 주 교육국장 우드에게 제출하여 일본어학원협회의 목적이 미국공립학교의 정신에 따르고 있음을 분명히 했다.[5] 그 이유로는 다음과 같은 것을 제시하였다.

첫째, 유치원에서 일본인보모를 채용하여 자녀의 공립학교 입학 준비에 힘쓰고 있다.

둘째, 공립학교 재학 아동에 대해서는 방과 후 30분 내지 1시간 범위에서 일본어를 가르치고 친자간의 의사소통을 꾀함과 동시에 가정의 행복을 누리게 하고 있다.

---

5 加藤新一編(1961)『米國日系人百年史,』新日米新聞社, p.119.

셋째, 학원에 운동장을 설치하여 체육을 장려하고 노상의 유흥 및 위험 등의 노출을 피하게 하고 있다.

넷째, 일본어학원에 사용되는 교과서가 부적당하면 미국시민으로서 교육에 상응하는 새로운 교과서 편찬을 계획하고 있다.

파커 외국어학교단속법의 제정에 의해 일본어교사는 인정시험 자격이 요구되어 일본어학원협회는 신교과서 편찬 준비와 함께 교사의 면허 취득을 위한 준비에 착수했다. 재미일본인협회는 주 당국에 대해서 영어실력과 미국역사, 정치체제에 관한 지식이 부족한 일본어학원 교사에게 시험 준비 강습회를 받게 하는 등 교섭을 개시하였다. 각지의 학원에 대해서는 외국어학교단속법에 미치지 않는 영향 등에 대하여 자세하게 주의사항을 배포하고 1921년 8월 22일부터 2주간에 걸쳐 샌프란시스코, 프레즈노, 로스앤젤레스 등 3개 도시에서 강습회를 개최했다. 강습회는 미국에 저명한 교육가가 초빙되어 통역과 함께 진행하였으며, 캘리포니아 주 감독관 콘이 지도했다. 수강자들은 합격률이 높았고, 샌프란시스코에서는 수험자 총 131명 중에서 합격자 98명, 로스앤젤레스와 프레즈노도 거의 대부분 동률의 합격자를 기록했다.

일본어학원협회는 캘리포니아 주 교육국의 인가를 받아야 할 신교과서 편찬이 급선무였지만 당시 사용하고 있던 문부성검정교과서의 부적당한 곳을 삭제한 것을 임시로 사용하도록 허가를 받아 이것을 영어로 번역하여 교육국에 제출하였다. 1921년 12월 재미일본인회와 남캘리포니아 중앙일본인회 교육부가 연합하여 나카지마 이소지(中島五十治)를 주임으로 일본어학원협회가 추천하는 사노 케이조, 스즈키 다카시를 편찬위원으로 임명하여 다음과 같은 방침을 정했다.[6]

첫째, 본 교과서는 캘리포니아 외국어학교단속법을 준수하여 재미일본

6 앞의 책, 加藤新一編(1961), p.122.

아동들에게 정확한 일본어 교육을 목적으로 편찬한다.

둘째, 본 교과서의 권수는 16권으로 한다(학원의 수업연수는 8년으로 1년에 두 권을 교수하는 것으로 한다).

셋째, 본 교과서의 페이지 수는 1권 85페이지로 한다(1년의 수업일 수를 75일로 35주간, 1년에 두 권을 교수하는 것으로 하고 한권의 페이지수를 평균 85페이지로 잡았다).

신교과서는 1924년에 탈고해 전문이 영어로 번역되어 캘리포니아 주 교육국에 제출되어 허가를 얻은 후, 샌프란시스코의 아오키대성당주(青木大成堂主) 아오키 미치츠구(青木道嗣)에 위탁하여 발행되었다. 이렇게 발행된 '미국가주교육국검정제가주일본어독본' 전 16권이 다양한 개정을 거치면서 완성되어 1940년까지 사용되었다.

5) 민족교육의 제도적 탄압과 전성기

파커 외국어학교단속법에 준하는 준비가 갖추어지는 가운데 1923년 1월 캘리포니아 주의회 상원이 발의한 인만 법안(インマン法案)의 주요내용은 "1923년 9월 1일부터 4년간 공립학교 4학년 단계를 마치지 못한 자는 사립외국어학교에 입학이 불가하다. 1930년 이후부터는 절대로 외국어학교 입학을 금지한다"라는 것이었다. 합중국 대심원은 외국어학교단속법이 미국헌법에 위반된다는 판단을 내려, 미국 21개주에 있던 외국어학교단속법 가운데 외국어 교수를 금지하는 법률은 일제히 무효화 하였다. 캘리포니아 주 상하양원을 통과하고 지사의 서명만을 기다리던 인만법안은 그대로 실효되었다. 1921년 제정된 파커 외국어학교단속법은 외국어의 교수를 금지하는 것이 아니라, 오히려 미국시민으로서의 교육이 가장 중요하기 때문에 미국헌법에 저촉되지 않는 것으로 여겨, 1926년 6월 하와이에 있는 외국어학교단속법을 위헌으로 결정하는 대심원 판결 후 파커 외국어단속법도 무효화되었다.[7]

미국 대심원의 위헌판결은 "외국어학교는 아동의 부모에 의해 필요한 것으로 인정되며, 결코 사회의 이익에 반하는 것이 아니다. 교사에 대한 단속법에 힘쓰면 교육의 목적을 파괴하고 미국에 대해 전혀 해가 되지 않는 자녀교육의 권리를 빼앗은 것이 된다. 일본인 부모는 불합리한 구속을 받는 것이 아니라 자녀를 교육할 권리가 있다. 미국헌법은 외국어를 말하는 것도 미국시민과 같이 보호해야 할 것이다"와 같은 요지로 일본어 학원은 다음과 같은 권리를 확보하게 되었다.[8]

첫째, 일본어학원 및 교사는 영어 검정시험을 받아야 할 필요 없이 자유롭게 교사를 고용할 수 있다.

둘째, 일본어학원은 학생 한 명 당 1달러의 세금을 낼 필요 없이 자유롭게 학원을 경영할 수 있다.

셋째, 교과서는 일본어학원이 자유롭게 선택하여 사용할 수 있다.

넷째, 일본어학원은 공립학교의 수업시간 이외에 언제라도 개교할 수 있다.

이와 같이 미국헌법이 보장하는 일본어학원은 예전과 같은 힘을 얻어 폐교에 몰렸던 학원이 소생하고 새로운 학원, 새로운 학사가 증설되어, 일본어교육의 최전성기라고 할 정도로 번창하게 되었다. 이것은 재미일본사회의 학령아동의 급증이 가져온 결과라고 생각할 수 있으나 당시의 시대상황을 비추어보면 일본어교육과 일본적 도덕의 필요성이라는 목표에 기인한 결과라고 할 수 있다. 이러한 각지의 새로운 정책에 의한 증설된 학사나 회관은 일계인사회의 중심이 되었고 일본어 학원은 일본어를 가르치는 학문의 장이 되었으며 재미 일본인의 문화적 중심지로서 역할을 수행했다. 일본어학원은 캘리포니아가 최대의 세력을 보였으나, 유타 주와 네바다 주, 콜라라도 주, 오리건 주, 워싱턴 주의 일본어학원도 인구에 상응하는 발전이 있었고 워싱턴 주 시애틀시의 시애틀외국어학교는 전미 최고(最古)의 학교로서 학생

---

7 위의 책, 加藤新一編(1961), p.121.

8 앞의 책, 加藤新一編(1961), p.122.

수 1,195명이라는 최대의 일본어학원으로 성장하였다.

사진 3.4 하와이 일계인 마쓰리 행진 소품

2. 중남미 일계인의 민족교육과 정체성 형성

1) 브라질 일계인사회의 분포와 언어사용

브라질 일계인은 1958년 당시 일계인 43만 명 가운데 75.7%정도가 상파울루 주, 18.1%가 파라나 주에 거주하고 있었다. 약 30년 후 1987년, 1988년의 조사에 의하면 1987년에 있어서 일계인 수는 122만 8,000명, 이들 중 72.2%가 상파울루 주, 남부에 사는 11.7%의 대부분이 파라나 주에 집중되었다.[9] 그러나 일계인은 여전히 브라질 북부, 북동부, 중서부에도 거주하고 있었으며 거주지역이 브라질 전역에 분포되어 있다.

1987년 도시 · 농촌별 일계인의 분포는 89.9%가 도시거주자, 10.1%가 농촌거주자였다. 브라질 전체는 1980년의 인구센서스조사에 의하면 67.6%가 도시거주자였기 때문에 일계인의 도시거주는 브라질 전체의 도시이주를 상회하는 속도로 진행되고 있는 것으로 나타났다.[10] 세대교체도 빠르게 진행되었다. 1988년 이민 1세는 일계인 총인구의 12.5%, 일계인 2세는 30.9%, 일계인 3세는 41.3%, 일계인 4세는 12.9%에 달했다. 일계인 5세 이상은 0.3%에 지나지 않았다. 일계인 인구세대가 차지하는 혼혈의 비율을 보면 일계인 2세에는 6.0%이었지만 일계인 3세에는 42%, 일계인 4세에는 61.6%로 급상승하였다. 이 조사로부터 약 20년 경과한 지금, 이러한 경향은 더욱 빠른 속도로 진행되었을 것으로 짐작된다.

이러한 변화의 배경에는 농촌종사자가 1958년 55.9%부터 11.7%로 격감하고, 비농업부문 중에서도 관리 · 사무 · 운수 · 통신의 비율이 증가하여 일계인의 화이트칼라화라는 취업의 변화가 작용하고 있다. 경제적으로도 중산계급이라고 추정되는 일계인이 54.9%를 차지하여 브라질 전체와 비교하여 높게 나타났다. 이민족 간의 결혼비율은 브라질 전체 45.9%, 중서부나 중부에서는 60%를 초과하였다. 가정 내에서 사용하는 언어도 포르투갈어가 많은 것으로 나타났다. 1968년 당시에는 도시나 농촌 등 가정에서 사용언어는 일본어가 가장 많았고, 도시부가 44.9% 농촌부가 60.5%였다. 그러나 1987년 일본어사용은 도시부가 6.04%, 농촌부가 21.7%로 감소하고 있는 것으로 나타났다.[11]

9 サンパウロ人文科学研究所「ブラジルに於ける日系人口調査報告書 1987-1988」, pp.19-21.

10 サンパウロ人文科学研究所、1987-1988、p.22.

11 サンパウロ人文科学研究所、1987-1988、pp.109－110。

2) 브라질 일계인의 민족교육과 정체성의 특징

브라질은 세계 제10위권의 일본어 학습국으로 학습자수는 19,744명으로 집계되고 있다. 그 특징 중 하나는 일계인 사회의 존재를 배경으로 첫째, 학습 목적으로서 모어 내지는 계승어 학습, 부모의 기대에 부응, 둘째, 유아 및 소아를 포함한 젊은 학습자의 증가, 셋째, '학교교육 이외의 기관'에서 배우는 학습자의 증가 등을 들 수 있다. 초중등교육기관에서 일본어 학습자수가 많은 한국, 호주, 미국, 인도네시아, 뉴질랜드, 고등교육기관에의 일본어 학습자가 많은 중국, 대만, 양자가 비슷한 타이, 캐나다 등과 비교하여 브라질은 압도적으로 '학교이외의 기관'에서 배우는 학습자가 많은 것으로 나타났다. '학교이외의 기관'이라는 것은 일본인회, 종교단체 등 공공단체가 경영하는 학교, 또한 개인이 경영하는 사숙학교 등 브라질 공공기관이 학교로서 인정하는 것이 아닌 것을 통칭해서 '일본어학교'라고 불렀다. 이것은 브라질 학습자의 대부분(76.2%)을 수용하는 것으로 기타 대학, 초・중・고등학교 등 공립학교시스템에서 행해지는 일본어교육이었다.

즉 브라질의 일본어교육은 크게 두 종류로 나누어진다. 일본인 내지는 일계인 조부모나 부모세대와의 커뮤니케이션이나 일본의 문화전달을 목적으로 '모어', '계승어'로서의 일본어교육과 외국인에게 일본어를 가르치고 보급하는 '외국어'로서의 일본어교육이다.

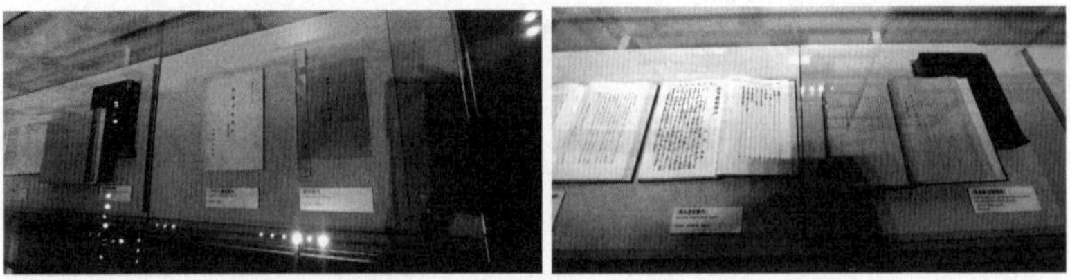

사진 3.5 남미 브라질 이주안내 책자

전자는 주로 '학교 이외의 기관'이고 '일본어학교'라고 일컫는 후자는 공교육기관으로 여기는 경향이 있다. 이 양자의 사이에는 학습자의 특징에 의한 차이뿐만이 아니라 때때로 교사의 프로필, 교수법, 교재 등 여러 가지 면에서 차이가 존재한다. 두 개념의 병존은 브라질 일본어교육의 특징인 다양한 학습자나 교사의 존재를 포함한 실천을 강조하는 것도 있고 일본어교육의 사회변화에 대한 적응, 브라질 제도와 관계 등의 대응이라는 점에서 복잡하게 얽혀있다. 브라질의 일본어 교육 상황을 정리하면 다음 〈표 3.1〉과 같다.

표 3.1 일본어교육의 두 가지 이념[12]

구분	일본어학교	공교육 내의 일본어교육
학교의 위치	부분이 비공인	공립학교 또는 사립학교
이념	계승어 교육	외국어로서 일본어교육
교사의 세대	일계인이 대부분, 일계인 1세-2세	일계인이 대부분, 일계인 2세-3세
교사	교원자격은 특별히 없음	브라질의 교원면허
학생	일계인이 3분의3 정도	학교에 따라 일계인 이외의 학생이 많음
학생의 연령	유치원부터 초등교육이 많음	유치원부터 중등교육 (공립학교에서는 중등교육)
교수용언어	일본어	포르투갈어
가르치는 시간대	공교육의 시간대 이외	학교교육의 일부
가르치는 내용	일본어, 연중행사, 예의범절, 일본적 정신	일본어, 일본문화

3) 전전-전후 일본어학교와 일본어교육

현재 '일본어학교'는 전후 등장한 학교가 대부분이다. 전전에 존재했던 학교는 제2차세계대전 중 폐쇄되었기 때문이다. 전전의 일본어교육은 이민자들의 식민지 개척을 계기로 일본귀국을 준비하는 교육으로서 시작되었다.

12 江原裕美「ブラジルにおける日本語教育の現状と課題」p.26.

일본이민은 현지 영주가 아니고 일본으로 금의환향의 목적으로서 브라질로 건너갔다. 그러나 커피 농장에서의 가혹한 노동은 꿈꾸던 것과는 매우 달랐다. 단기간의 여정이었던 현지 체류가 장기간 일해서 돈을 많이 벌어 귀항을 목표로 하는 방향으로 바뀌어갔다. 이 과정에서 자영농을 목표로 일본인이 집거하는 식민지가 오지에 만들어졌다. 익숙하지 않은 외국 생활에서 생활하기 쉬운 환경을 조성하는 것, 또한 아이들의 교육이 가능하게 하는 것이 식민지 집거지 형성의 이유였다. 당시 농업의 개척지였던 식민지에는 브라질의 공립학교가 아직 없었고 일본이민자들은 자신들의 손으로 학교를 세우기 시작했다. 식민지 개척 당시 유럽인은 식민지를 만들면 교회를 짓고, 일본인은 학교를 짓는다고 말할 정도였다. 일본에 귀국했을 때 아이들에게 교육 경험도 없고 일본어도 말할 수 없는 절망적인 사태를 피하기 위해서였다. 학교에서는 가능한 경우 브라질인 교사가 가르쳤으나 당시 아직 브라질에서 학교의 건립이 전반적으로 진행되지 않았고 일본인 교사가 가르치는 일이 많았다. 교과서는 일본의 국정교과서였고 수신이나 학교행사, 각 과목의 내용도 일본의 학교를 모방했다. 나중에 이것이 '일본인학교'라고 불리게 되었다.

제2차세계대전이 가까워질 무렵, 브라질의 내셔널리즘이 고조되고, 그 일환으로서 1938년 '일본인학교'도 폐쇄되었다. 제2차세계대전에 돌입하면서 일본은 브라질의 적국으로 돌아서고 일본어서적이나 인쇄물의 배포금지, 방어신문(邦語新聞: 일본어신문) 폐간, 일본이민자의 집회 금지, 공공장소에서의 일본어사용금지, 통행허가증이 없는 여행금지 등 단속대상이 되었다. 이러한 조치는 일본이민자에게 심리적 충격이 매우 컸다. 정보가 단절되고 독립된 사회에서 정신적 혼란은 전후 성공한 그룹(勝ち組)[13]과 패배한 그룹(負け組)의 테러사건을 야기하는 요인이 되었다.[14] 이 사건은 일계인 사회에 커다란 변화를 초래하였으며 워낙 상처도 깊어 일본어교육이 본격적으로 재개된 것

13 브라질 일계인 이민 사회에서, 제2차세계대전에서 일본이 승리하고도 승리했다고 믿는 사람들.

14 브라질 일계인 이민 사회에서, 제2차세계대전에서 일본이 패배했음을 받아들이는 사람들.

은 1950년대 이후였다. 일찍이 '일본인학교'는 '일본어학교'로서 어학을 교수하는 사숙학교에서 전환된 것이 많았다. 그러나 이들 학교는 일계인 커뮤니티가 있는 브라질 전국에 존재했고, 브라질 일본어학습자의 4분의 3을 수용하였다. 그리고 유치원이나 소학교에 다니는 아이들에서 성인에 이르기까지 학습자에게 일본어학습 및 일본문화의 전승의 기회를 제공하였다.

한편 브라질학교제도(공교육) 가운데 행해지는 일본어교육도 조금씩 증가하였다. 일본어 교육이 고등교육기관에만 한정되어있었으나, 1980년대 말까지 상파울루 주, 파라나 주를 중심으로 초 · 중 · 고등학교에서도 일본어교과목을 가르치는 학교가 증가하였다. 가라오케나 애니메이션, 만화 등 일본의 대중문화로 확대되는 과정에서 일계인 이외의 학습자도 증가하였다. 일본어 학습자수는 2003년에 4,552명[15], '일본어학교'에서 배우는 학습자는 3분의 1 정도였다.

일본은 1945년 8월에 패전을 맞이했다. 그러나 정확한 정보전달이 단절되었고 적국민으로서 압박을 받는 중에 일본의 승리를 확신했던 이민자들에게는 수용하기 어려웠다. 일본의 패전이라는 사실을 납득하려고 하는 사람들은 '인식파(負組, 패배그룹)'라고 불렀고, 일본의 승리를 믿는 '勝組 (승리그룹)'에게 공격의 표적이 되었다. '승리그룹'이 이끌었던 테러사건은 브라질 국내에서 배일기운을 불러일으키는 사건이 되었고 1946년 신헌법제정 시에는 일본이민의 입국전면금지가 조문에 추가되었다. 테러는 1947년 1월이 마지막이었지만 이민사회의 혼란은 그 후 1950년대 중반까지 계속되었다.

전후 이민사회에 일본의 실상이 전달되었지만 전재(戰災)로 매우 황폐해진 조국 일본에 구제운동은 일어나지 않았고 일본으로의 귀국은 도저히 현실화될 수 없다는 것을 모두 잘 알고 있었다. 거기에다 이민자녀에 대한 교육의 생각도 많이 바뀌어갔다. 브라질 사회의 적응과 성공이 제일의 목표가

---

15 国際交流基金『海外の日本語教育の現状　本語教育機関調査 · 2003年』、「ブラジルの日本語教育－初等 · 中等 · 高等教育の学校と講座－」, p.1.

되었고 브라질 학교를 중시하는 일본어교육 불용론(不用論)도 등장했다. 전후 재개되었던 일본어학교는 이미 '일본인학교'가 아니고 일본어를 가르치는 '일어학교'였다.

모리와키(森脇)는 전후 일본어 교육의 변천을 1946년부터 1950년까지 공백기, 1950년대 전반부터 1960년대 전반까지 재개기, 1960년대 후반부터 1970년대 후반까지 계몽기, 1980년대 이후로 구분한 바 있다.[16] 이러한 구분을 기초로 하면서 본고에서는 종전 후부터 1960년대 말까지를 '일어학교' 부흥기, 1970년대 이후를 '외국어교육' 지향기로 나누어 전후의 일어학교의 발자취를 간단히 기술하고자 한다.

4) 일본어학교 부흥기: 1946년-1960년대 말

상파울루 주의 경우, 전쟁 중의 억압으로 1947년 11월 26일 상파울루 주의 교육령 제17698호 중 제2장 사립학교 령에서 지방에는 여전히 14세 이하에게 외국어를 가르치면 안 되었으나 상파울루와 산토스의 도시 자체에서는 최저 10살 이상부터 1일 최대 2시간까지 외국어학습을 허가했다.[17]

상기 교육령공포와 일계인사회의 혼란의 수습으로 '일어학교'(일본어학교』는 1940년대 후반부터 서서히 재개되었다. 상파울루 주 상파울루시내에서는 전후의 이민이 많았고 상파울루의 동쪽(성동)지구에 히노데소학교가 1949년 개교하였고, 1950년대에 걸쳐 순차적으로 '일어학교'가 설립되었다. 전중, 전후의 격동기를 겪은 후, 일찍이 '일본인학교'는 '일어학교'로 전환되었다. 상파울루의 남쪽 지구에는 1957년에 '성남일어연구회'가 결성되었다. 상파울루 내륙부에는 모지, 다즈, 쿠루제스 근교의 코쿠레라 식민지에는 전쟁 중에도 200명이 일본어를 배웠다.

---

16 森脇礼之(1999)「日本語教育の理念の変遷 II」『人文研』No.4.

17 伯国日語学校連合会『幾山河（全伯日語教育史）』1966年、pp.19－21.

이 식민지에는 전후 1947년경, 브라질학교의 설립이 증가하였고 같은 시기 지도자회가 조직되었다. 모지, 다스, 쿠루제스 지구, 그리고 1956년 스제노 지구에서는 1957년 및 1962년에 교원연락회가 만들어졌다. 이것들 외에도 많은 지구에 1940년대 후반부터 1960년대 걸쳐 일본어학교가 재개되거나 또한 교원연락회 등이 결성되었다.

파라나 주의 경우, 일본어학교가 재개된 것은 1940년대 말 무렵이다.[18] 파라나 주는 1930년대 식민지가 시작된 지역이었고 토지가 비옥했기 때문에 일본인식민지가 계속해서 탄생하여 일본어교육도 번창해갔다. 전시 중에는 외국어학교의 금지령에 의해 일본어교육은 금지되었지만 소수의 분리교육이나 순회수업 등으로 간신히 이어져갔다. 전후 일본어학교는 1947년 장학사, 루비아세아교, 천리교육영사, 이듬해 1948년에는 롤나교, 프레자교, 또한 사숙의 정릉학원(静陵学園)이 계속해서 개교되었다. 그 배경으로서는 1947년 11월 26일 등장한 상파울루 주 교육령의 영향이 컸다. 그러나 파라나 주에서는 아사이지구 등 일본인의 식민지에 대한 관헌의 감시가 심한 가운데 일본어교육에 대한 세칙도 없었기 때문에 일본어교육의 부흥은 묵인의 형태로 이루어졌다. 1947년에는 '아동애호회'가 결성되었고 이것이 1949년 '토레스 바라스교육호'로 발전되었다. 또한 '론도리나 교육연구회'가 조직되었다.

5) 일본어학교 부흥기의 교육내용: '일본인교육'의 연장

이민자들의 영주로의 전략 전환, 자녀교육의 필요성, 그리고 일계인 이민자들이 점차 도시로 이동해 가기 시작했다. 각지의 일본어교육이 재개되면서 이동의 영향을 받아 교육의 영향을 가름했다. 학생이 급증하는 지방이

18 パラナ教育連合会『二十₩周年史とその後 ひとすじの道』1988年.

있는가 하면 경우에 따라 학생들이 감소하는 지역도 있어 예전의 명성을 잃어가는 학교도 있었다. 그러나 정세가 안정적으로 회복되는 가운데 전체적인 경향에서 일본어 교육은 나름대로 번창하고 있었다.

이들 양 주에 있어서 일본어교육의 내용이 전후 잠시 동안 전전의 국정교과서가 상용되었지만 1953년경부터 서서히 야나기다 구니오의 교과서로 바뀌기 시작했다. 1960년에는 일백문화협회에 의한 '일본어' 전8권이 간행되어 브라질 전 지역에서 사용되었다. 그러나 이러한 변화가 현저하게 일어나는 것은 아니었다. 1962년 경 상파울루 주 바우루에서는 일어, 음악도화, 무용 이외에도 여전히 일어수신을 가르쳤다. 또한 어느 학교에서는 운동회나 학예회 마쓰리 등의 연중행사, 스모, 이야기 대회, 작품전, 건강 진단 등 어린이의 '인간형성'에 중점을 두고 전전의 엄격한 교육이 이루어졌다. 전전에는 '일주백종'과 다른 '일주일종'적 교육이 전제였고 브라질학교에의 통학이 제일이었지만 일본어, 산수, 체육, 정조교육, 도덕 등 브라질의 초등교육에서 부족하다고 생각되는 교육을 보충하는 것으로 일본어학교의 존재가치가 인정되었다.

브라질 영주를 결심하고 현지에서 사회적 사명을 다하기 위해 고학력취득을 목표로 하는 일계인들에게 일본어는 방해가 된다는 일본어불용론도 출현하였다. 그러나 많은 일본인들은 브라질에서 학력을 중시하였지만 인간형성의 측면에서는 '일본인교육'을 중시하였다고 모리와키(森脇)는 주장한다. 즉, 교육관은 계속해서 전전의 연장선 위에 있었다. 그것은 모리와키의 표현을 빌리자면 한쪽 다리는 구두, 또 다른 한쪽 다리는 게다(下駄)를 신은 것과 같은 부자연스러운 상태였다고 주장한다.

6) 일본어 교육이념의 분화

일본인회의 활동이 활발해지고 학교 수도 증가하면서 1950년에는 브라질전체를 대상으로 일본어학교를 조직하는 여러 단체들이 등장하기 시작했다. 이들은 일본어교육에 대한 새로운 이념을 떠맡게 되었다.

1956년 1월 조직되었던 전백일어학교연합회(통칭, 일학연)는 '민족적우수성'을 배우고 익혀서 문화적 교류를 통한 백국에의 공헌을 강조하였지만, 그 내용은 '교육칙어에 담긴 이념'이었다.[19] 그 대상은 오로지 일계인이었고 '일계코로니아(日系コロニア)' 안에 머무는 일본어교육이었다.

한편 1956년 11월에는 일백문화보급회(日伯文化普及会)가 조직되었다. 여기에서는 일백의 문화교류를 목적으로 대상은 일본인, 일계인뿐만이 아닌, 일계인을 포함한 브라질인과 일본인 쌍방이었다. 양국에서 열린 조직체인 것이 특징이었다. 1964년에는 일본어보급회가 만들어졌다. 일백문화보급회의 사업으로서 일본어교과서가 간행위원의 후원으로 발행되었다. 브라질인에 대하여 일본문화의 이해를 통한 일본어 보급을 목적으로 하는 일백문화보급회와 같은 계열이었다.

전후 부활했던 일본어교육에 많은 사람들이 참여하였는데 일계인 1세 출신의 일본어교사가 많았던 것은 단체의 생각이 공명하는 것이 많았기 때문이었다. 이에 대하여 제2, 제3의 단체가 목표로 하는 것은 일계사회와 브라질사회의 대등한 문화교류, 일계인 이외에도 '외국어로서의' 일본어교육이었고 급속히 변모하는 일계인사회에 대한 대응차원이었다. 여러 조직이 병존하는 상황은 일계인사회의 사고의 다양성을 보여주었고 그것은 현재 브라질의 일본어교육에 영향을 주었다.

일본어학교의 현실적 모습이었지만 법적 상황을 보면 정치적인 학교는

---

19 森脇礼之(1999)「日本|語教育の理念の変遷 II」『人文研』No.4, p.49.

적었다. 일본문화협회(일본인회) 설립은 학교에서도 부속문화의 클럽대우였고 기타 개인의 자택을 개방한 사숙이 대부분이었다. 1966년 조사에 의하면 공인학교는 당시 13%, 그것도 법규를 준수하고 있는 곳은 전혀 없었고, 전부 당국의 '호의적 묵인'에 의한 것이었다.[20] 그 상황은 크게 변하지 않았고 공인사립유치원 혹은 학교가 성장했다는 사례가 산발적으로 보이는 정도였다. 교사가 브라질의 교원자격을 갖는 비율은 1966년에는 전체의 24%에 지나지 않았고, 그것도 명의를 빌린 것이 대부분으로 실제로 교편을 잡고 있던 일계인2세 교사는 10명도 채 되지 못했다.[21]

1966년 당시 교육내용은 브라질에서 만들어진 일본어교과서, 소위 콜로니아(コロニア) 판 '일본어(にっぽんご)'를 사용하는 것이 대부분으로 일본의 국어교과서를 사용하는 것은 적었지만 전혀 없었던 것은 아니었다. 학교행사는 운동회, 학예회가 가장 많았다. 이어서 소풍, 작품전시회, 이야기대회, 체육경기, 영화, 견학 등도 있었다. 교과서는 일본어를 중심으로 한 작문, 습자, 창가, 도화가 많았고, 산수, 체조, 덕육, 이과, 이야기법, 동화, 포르투갈어 등이 뒤를 이었다. 내용은 언어교육에 멈추지 않고 어린이의 지식, 도덕, 체육을 포함한 전인적 교육을 목표로 하였다. 다만 수업법은 학교에서 진도가 다른 어린이를 포함하는 복식으로 브라질학교와의 관계에서는 2부제, 3부제가 많았다.[22]

---

20 伯国日語学校連合会、1966年、p.23.

21 伯国日語学校連合会、1966年、p.23.

22 伯国日語学校連合会、1966年、p.23.

7) 현지 '외국어교육' 지향기 : 1970년대 이후

일계인 사회의 변화와 일본어교육도 변해 갔다. 1958년 당시, 일계인 수 43만 명 가운데 75.7%가 상파울루 주, 18.1%가 파라나 주에 거주하고 있었다. 이로부터 30년 후인 1987년, 1988년의 조사에 의하면 1987년 일계인 수는 122만 8,000명으로 이들 중 72.2%가 상파울루 주, 남부에 사는 11.7%의 대부분이 파라나 주에 집중 거주하였다.[23] 그러나 일계인은 북부, 북동부, 중서부에도 살고 있었고 브라질 전국으로 거주지가 확대되어 갔다.

1987년 도시 · 농촌별 일계인의 분포는 89.9%가 도시거주자, 10.1%가 농촌거주자였다. 브라질 전체에는 1980년 인구센서스에 의하면 67.6%가 도시거주자였기 때문에 일계인의 도시거주는 브라질전체의 이동 속도를 훨씬 상회하는 속도로 진행되었다.[24] 세대교체도 매우 빠르게 진행되었다. 1988년 일계인 1세는 일계인 총인구의 12.5%, 일계인 2세 인구는 30.9%, 일계인 3세 인구는 41.3%, 일계인 4세가 12.9%였다. 일계인 5세 이상은 0.3%에 지나지 않았다. 세대인구가 차지하는 혼혈의 비율을 보면, 일계인 2세는 6.0%, 일계인 3세는 42%, 일계인 4세는 61.6%정도로 상승하였다. 이 조사에서 약 20년 경과한 이후 변화 경향은 더욱 빠르게 진행되었을 것으로 짐작된다.

이러한 변화의 배경에는 농촌종사자가 1958년 55.9%에서 11.8%로 격감하고, 비농업부문, 중에서도 관리 · 사무 · 운수 · 통신의 비율이 증가하여 일계인구의 화이트칼라화라는 직업의 변화를 초래했다. 경제적으로도 중산계층으로 보이는 계급도 54.9%를 차지하여 브라질 전체와 비교하여 매우 높아졌다. 이민족간의 결혼비율은 브라질 전체에 45.9%, 중서부나 중부에는 60%를 초과하였다. 가정 내에서 사용되는 언어도 포르투갈어가 많아졌다. 1968년 당시 도시나 농촌가정에서 사용언어는 일본어가 가장 많았고, 도시

---

23 サンパウロ人文科学研究所「ブラジルに於ける日系人口調査報告書 1987／1988」、pp.19-21.

24 サンパウロ人文科学研究所、1987 · 1988、p.22.

가 44.9% 농촌이 60.5%정도였다. 그러나 1987년 일본어사용은 도시가 6.0%, 농촌이 21.7%로 대폭 감소하였다.[25]

이러한 변화로 인하여 일본어교육은 '외국어'로서의 교육으로 변화될 필요성이 강조되어 일본어교육의 목적도 '일본정신습득', '정조교육' 등에서 취학이나 취업을 위한 '실리교육' 지향이 강해졌다. 1978년 이민 70년 주년 기념 심포지엄에서도 일본어교육은 '국어교육'에서 '외국어교육'으로의 이행이 주장되어 교재나 교수법, 교사의 급여개선, 가정교육의 방법, 환경만들기 등이 제안되었다.[26] 가정 내에서 일본어로 말하는 환경이 사라지고 그때까지의 교육방법이 더 이상 통용되지 않을 거라는 생각은 1970년대부터 등장했다.

이후 이러한 상황은 계속 진행되었다. 그러나 '외국어로서의 일본어교육'과 주장이 활발히 진행되어도 그것이 즉각적으로 학교에 적용되는 교육활동의 실질적 변화를 의미하는 것은 아니었다. 실제로 1990년대에 이르기까지 반복된 비슷한 주제가 일본어교육에 관한 심포지엄에서 논의되어 온 것을 보면 교육형태가 크게 바뀌지 않는 학교도 많다는 것을 의미한다. 그러나 이주노동현상(出稼ぎ現象)에 의한 일본과의 공간적 거리는 줄어들고, 정보통신기술의 발달에 의한 일본과의 리얼타임의 정보도 가능하게 되었다. 이른바 글로벌화에 대응하여 일본어학교의 존재도 크게 변화되었다. 일본어학습의 기회가 다양화해지고 일계인외의 새로운 일본어 학습자도 출현하여 일본어교육에 큰 변화를 초래하였다.

8) 브라질 공교육에서 일본어교육의 확대

한편 브라질의 공교육에서도 일본어 교육의 확대를 보여 왔다. 브라질

25 サンパウロ人文科学研究所、1987 · 1988、pp.109−110.

26 日伯文化聯盟『明日へ取り組む』1979年.

에서 일본어교육이 실시되고 있는 상황은 2003년도 68개 기관, 교사 144명에 학습자 수는 4,552명에 달했다. 고등교육 단계에서는 5개 대학이 일본어 교육 내지는 일본문학 또는 일본문화의 전공과정을 가지고 있었다. 선택과목, 또는 공개강좌로서 가르치고 있는 대학은 20개에 달했다. 특히 학습자가 증가한 것이 초중등교육의 학교, 특히 중등교육단계로 공립학교 27개교, 사립학교 22개교에서 3,000명이 참여하고 있었다.[27]

고등교육단계의 내용을 보면 전공을 설치하고 있는 대학이 5개 대학이다. 전공설치대학을 살펴보면 1964년에 설치한 상파울루 대학이 가장 오래되었고 리오데자네이루 연방대학이 1970년, 리오그란데오스루 연방대학이 1986년, 파우리스타주립대학이 1992년, 브라질대학이 1997년이고 상파울루 대학이외는 비교적 최근 설치되었다. 설치목적은 연구자 · 교원양성 · 번역가양성이고 적게는 660시간, 많게는 1,000시간이 넘는 일본어, 일본문학, 일본문화의 과목을 가르치고 있다. 학생 수는 41명부터 165명 정도이다.

전문가 양성의 장으로서 전공 선택과목, 공개공좌는 일본어나 일본문화를 많은 사람에게 가르치고 있다. 선택과목으로서 일본어를 가르치는 대학은 브라질대학(학생 수 102명), 칸피나스 주립대학(98명), 리오그란데오즈루 · 가톨릭대학(61명)으로 대학생이나 졸업생, 교원 등이 공부하고 있다. 이들은 대체로 100분정도의 수업을 1주일에 2회 공부하는 형태가 많고 1학기에 60시간 내지는 72시간으로 제4학기에서 제6학기까지 공부할 수 있다.[28]

공개강좌는 주로 일반 시민을 대상으로 17개 대학에서 열리고 있다. 학생 수는 1명에서 120명으로 수업형태는 세아라주주립대학에 의하면 45분 수업을 주4회, 파라나 연방대학에서는 240분의 수업을 주1회, 리오데자네이루 연방대학에서는 120분 수업을 주2회에 걸쳐 가르치는 등 다양하다. 일본

27 国際交流基金 『ブラジルの日本語教育—₩初等 · 中等 · 高等教育の学校と講座—』2003年、p.1.

28 ブラジル日本語センター『2004年度全伯日本語学校要覧 (1) 』、2004年12月、pp.180－181。

어능력별 클래스편성으로서 제1학기부터 제4학기 내지는 제6학기까지 공부하게 되어 있다.

고등교육에 있어서 일본어 관계의 학습자의 수는 아직 많다고 할 수 없으나 교원양성을 목표로 한 집중적인 전공과정의 증가는 주목할 만하다. 또한 선택과목이나 공개강좌에 있어서도 초급레벨에서 끝나지 않고 여러 학기에 걸친 코스 등 다양한 학습기회를 부여하는 것이 브라질의 특징이라 할 수 있다.

브라질 초등·중등교육단계에서 제2외국어학습은 이민사회의 브라질에 있어서도 비교적 새로운 시도이다. 브라질은 다양한 종류의 선주민언어

가 존재하기 때문에 선주민거주지역 이외의 언어사용은 극히 적고 광대한 국토 전역에 걸쳐 포르투갈어가 통용되는 이른바 모노링걸의 국가이다. 1996년 신교육법에서는 5학년부터 현대외국어를 최소 선택과목의 하나로 포함하도록 결정하고 있다(26조). 중등교육에서는 현대외국어 하나는 필수과목이고 제2외국어는 학교가 가능한 범위에서 선택과목의 하나로 추가하도록 되어있다(36조).

그러나 이것들이 제도화되어있는 공립학교는 아직 많지 않다. 공립학교 시스템 가운데 일본어가 제2외국어의 하나로 포함되어있는 것은 상파울로주(CEL), 파라나 주(CELEM), 산타카타리나 주(CELE)의 각 프로그램 및 리오그란데도노루테 연방기술 센터의 경우뿐이다. 앞의 두 개는 1980년대 후반에 도입되었던 제도이지만 뒤에 두 개는 1966년에 도입되었다. 한편 사립학교에서는 22개교가 일본어강좌를 가지고 있다. 이타마라치학원의 1969년을 제외하면 1980년대 후반부터 강좌들이 개설되고 있다.[29] 이들 학교에서는 중등교육에 제한하지 않고 유치원이나 소학교단계부터 학교의 방침에 대응하여 필수, 과외필수, 과외활동 등의 형태로 일본어를 가르치고 있다.

---

29 国際交流基金、2003年、付表。

이상의 개관에서 알 수 있듯이 브라질에서 일본어 교육을 수행하는 학교는 1980년대 후반부터 증가하였다. 일본어교육을 수행하는 사립학교가 압도적으로 상파울로 주와 파라나 주에 집중되어 있는 것은 이들 양주의 외국어 교육정책과도 깊이 관련되어 있다.

상파울로 주에서는 CEL이라고 불리는 제2외국어의 선택강좌가 1987년부터 도입되었다. CEL은 Centro de Estudos d Línguas(어학 센터)의 약칭으로 스페인어를 시작으로 하는 현대 외국어교육이 1987년부터 개시되어 프랑스어나 영어, 이탈리아어, 독일어, 일본어를 가르치고 있다. 일본어 강좌는 1989년부터 시작되었다. 주립학교에 재적하는 6학년 이상을 대상으로 하는 주 2회(각 100분)의 수업에서 한 학기 66시간으로, 여섯 학기 400시간까지 일본어 공부가 가능하다. 상파울로 주 내의 학교에 설치되어있는 것처럼 센터 안에 15개소로 모두 912명의 학생이 일본어를 공부하고 있다.[30]

CEL은 외국어표현의 새로운 기회의 제공, 학교 커리큘럼의 충실화와 현대의 이문화 이해를 목적으로 1987년 8월19일 주정부령 제27270호에 의해서 창설되었다. 초기 센터의 설립을 신청했던 학교에서는 스페인어교육만이 행해졌지만, 1988년 스페인어교육을 '우선적으로' 시행하고 다른 언어교육도 점차 추가하였다. 이러한 언어교육은 "같은 지역에 존재하는 다양한 문화를 결합시키고, 상호 교류를 활발히 하고, 인류공통의 재산이라고 할 수 있는 언어의 전통이나, 이민과 그 자손의 브라질이나 상파울로에 대한 공헌을 잊지 않기 위해서도"[31] 반드시 필요했다.

상파울로 주에서는 동 교육정령에 기초하여 주교육국이 실행하고 있다. 또한 다른 준비프로젝트의 책정을 위해 관심을 갖는 학교의 데이터, 스페인어를 가르치는 것이 가능한 교사의 리스트 등을 모아, 대학에 스페인어를 전공하는 학생 수의 조사, 커리큘럼의 교안을 만드는 작업이 진행되었다. 1988

30 国際交流基金、2003年、p.58.

31 サンパウロ州教育局提供資料、1989年.

년에는 교육이나 학교사무소대표, 교육진흥재단, 인재교원국 등의 대표들에 의해 위원회가 편성되어 어학센터의 충실화 대책이 논의되었다.

1988년 당시, 상파울로 주내의 21개의 CEL에서 초등·중등교육의 학생들 중 스페인어를 공부하는 학생수가 114,078명, 프랑스어는 145,776명, 영어는 297,579명, 이탈리아어는 76,230명, 독일어는 13,334명, 일본어는 6,605명으로 사용되는 교실의 수가 오전, 오후, 야간 모두 합계 9,389교실이었다.[32] 이 프로그램의 규모를 짐작할 수 있다. 이 경우 1수업시간이 50분, 매주 4수업시간을 2회로 나누어 진행되었다. 각 학기는 72수업시간, 초급과 상급의 2단계에서 각 단계는 3학기 216수업시간부터이고 상급수료에는 432시간 동안 학습하는 시스템이었다.[33]

각 학교는 이 센터를 설립하는 것이 목표였다. 학교의 교실이나 자원을 과외활동에 사용하는 것보다 학생이나 지역사회의 성원에게 장소를 제공하고 '언어표현의 발달', '이문화로의 시야 확대', '대학입시나 자격시험 대비', '노동시장에의 대응', '커리큘럼의 충실화' 등이 가능하게 되어 학교와 지역사회를 통합하는 데 도움이 되는 것을 가르치기 위한 목적이었다.

그러나 어학센터가 기능하기 위한 교사의 양성에는 아직 과제들이 산적해 있다. 주립학교에서 가르치기 위해서는 법적 자격을 채우지 않으면 안 되었지만 가장 수요가 높은 스페인어의 경우에도 자격이 있는 교사가 부족하여 교사양성의 필요성이 강조되었다.[34]

한편 CELEM은 Centro de Linguas Estrangeiras Modernas 현대외국어학교 센터의 약자로 파라나주교육국에 의한 과외수업 형태이다. 1989년에 도입된 제도로 스페인어, 프랑스어 이탈리아어, 독일어, 우크라이나어, 폴란드어, 선주민어, 일본어 등의 강좌가 개설되어 있다. 대상은 5학년 이상의 주

32 サンパウロ州教育局提供資料、1989年.

33 Portaria da Coordenadora, de 18-3-88. 第10条第4項、pp.4-5。

34 サンパウロ州教育局提供資料、1989年。

립학교 재적학생으로 CEL과 같이, 100분 수업을 주2회 진행한다. 1학기 66시간으로 합계 6학기 400시간까지 학습이 가능하다. 2003년 일본어를 배우는 학생은 10개 학교에 총수 380명이었다.[35]

파라나 주의 공립학교에 있어서 일본어 교수는 1989년 마린가 시의 주립 Vital Brasil 교를 시작으로 기타 많은 학교들이 교육국의 지시에 의해 '특별프로젝트'를 실시하여 일본어 수업을 시작했다.[36] 이러한 교육국 지시는 지역의 필요성에 의해 학생의 인격형성에 몰두하는 일환으로서 각 학교에 특별 프로젝트를 장려하였다. 학교는 과외로 이 프로젝트를 수행하는 것이 가능하고 외국어교육도 이러한 구조에 의해 수행되었다.

9) 브라질에서 일본어교육의 역사적 발전

대체로 160만 명(해외일계인협회조사)에 해당되는 일계인 대부분이 거주하는 브라질에서 캐나다의 다문화주의의 문맥에서 주장해 온 일본어 계승교육은 다른 발전의 양상을 보였다. 1908년의 일본이민의 개시 후 곧 일본어 교육이 시작되었다고 가정하면 브라질의 일계인 사회에 있어서 일본어교육은 매우 오랜 역사를 가지고 있다.

야마시타는 브라질의 일본어교육의 역사와 일본어의 관계를 제1시기부터 제4시기까지로 구분하고 브라질 일계인의 언어적용과 일본어 변용의 역사구분은 일본어교육의 역사 구분과 거의 일치한다고 주장하였다(1997a, 1997b). 또한 마쓰나가(末永, 2004)는 각 시기에 대표적으로 존재하는 교재의 작성과정부터 소멸까지의 기간을 하나의 시대로서 '일본어독본시대'(1908~1945), '일본어시대'(1946~1970), '일본어회화 시대'(1971~현재) 등 세 시기로 교육의 역

35 国際交流基金、2003年、p.62。

36 Secretaria de Estado da Educação Superintendência de Educação, InstruçãoConjunta No:01/95-DG/SUED/DEPG/DESG/DESU/DEE/GRHS.

사를 구분하였다. 이것들을 정리하면 다음 〈표 3.2〉와 같다.

표 3.2 브라질에서 일본어교육의 변용[37]

	년대	일본어교육사	일본어의 위치	브라질일계사회의 움직임	일본어교육의 위치	일본어교육의 목적
제1기	1908~1938	일본어학교 맹아기(각지의 일본어학교가 형성되었음)	일계인사회내의 방언간섭/일계인사회의 일본어의 공통어화(방언간섭)	콜로노로서의 이주-일본인식민지형성/이주노동지향의 강한 이민 집단	국어로서의 일본어교육	일본정신이 함양
제2기	1939~1945	외국어교육 금지령	콜로니아 공통어의 성립/일본어의 공통어의 성립과 보급			
제3기	1946~1971	일본어분리와 외국어교육신법령 포르투갈어로 전환	포르투갈어의 간섭가속/일계인의 동화와 포르투갈어의 차용	패전에 의한 혼란~브라질사회로의 동화경향이 강해짐	국어·계승어(콜로니아어)로서의 일본어교육	일계인으로서의 자각의 양성
제4기	1972~	일본어학습자의 감소, 신교수법과 비일계인의 학습자의 증가	브라질에서 일본어의 신생/일계인사회의 신생일본어의 탄생	일계콜로니아의 쇠퇴~일본으로의 이주노동개시	외국어로서의 일본어교육	일본어학습자의 증가에 의한 일계 콜로니아 진흥
제5기	1980~년대~현재			세계의 일계사회의 일본어교육을 「계승어」로서 다시보기 운동	외국어·계승어로서의 일본어교육	정체성의 상징으로서의 일계로의 대응

이민 제1-제2 시기는 브라질에의 이민이 개시되었던 1908년(메이지41년)부터 제2차 세계대전종결까지의 전전이주의 기간이다. 이 시기는 '일본어를 가르치는 것과 동시에 일본어교육에 의한 일본인적인 성격 형성을 목표로

37 平岩佐江子(2016) 日系社会における継承語教育の課題と展望—「継承語」概念の比較検討を通して—. JICA 横浜海外移住資料館研究紀要, (11), pp.17-37.

하는 훈육이 일계가정의 희망'이었고 일본어교육(국어교육)을 통해 일본인정신을 배양하는 것이 교육의 목표였다(외무성 아메리카 국내이주민문제연구회편 1936, 1939 ; 城島 1992).

이 시기의 일본어교육은 논쟁 가운데 매번 '일본정신'이 강조되고 있는 것이 특징이다. 이 '일본정신'이라는 것은 일본에서 멀리 떨어진 해외에 살고 있는 일본인 이민자들에게 정신적인 일체감을 주고 동포사회에 대한 의식을 강하게 갖게 하는 동시에 국수주의적이었던 당시의 일본어교육을 강하게 반영하였다. 이러한 일본인으로서의 일본정신을 배양하기 위한 제1언어로서의 국어교육이, 브라질에 있는 일본어교육의 시초였다. 이민생활 환경에서 제1언어를 유지하는 것은 어려운 일이었지만 국어로서의 일본어를 통해 배우는 일본정신을 다음세대에게 계승하려는 자세가 브라질에 있는 일본이민 제1세대의 일본어교육의 근간에 자리 잡고 있었다.

제3 시기는 전후의 이민 사회가 개시되는 1956(쇼와21)년부터 외국어 교육금지령이 해제되는 1971(쇼와 46)년까지이다. 전후에는 전전의 이주노동(出稼ぎ)의식에서 브라질로의 정주, 동화의 경향이 강해졌다. 일본어를 포함한 외국어교육은 전후에도 금지되어 브라질일계사회에 일본어와의 거리와 포르투갈어가 급속히 유입되었다. 이 시대에는 일계콜로니아의 다음 세대를 이끌어가는 일계인 2세-3세를 육성하고 일계인으로서의 자각을 인식시키기 위한 목적으로 일본어교육이 행해졌다.

이 시기의 일본어는 콜로니아어, 또는 계승어로 불렀지만(국제협력사업단 1996 ; 末永 2004), 기술적으로는 포르투갈어의 간섭이 보이는 일본어이고, 전후 일계콜로니아에서 일반적으로 나타나는 현상이었다.

이러한 '계승어=콜로니아어' 시대가 브라질에서는 '계승어로서의 일본어교육'으로 이해되었다. 나카지마가 주장한 캐나다에서 '계승어로서의 일본어교육'과 혼동되는 경향에 대해서는 다음 장에서 상세히 서술할 것이다.

제4 시기는 외국어교육금지령이 해제되었던 이듬해인 1972년(쇼와 47)년

이후를 가리키고 포르투갈어를 모어로 일본어를 구사하지 못하는 일계아동 학생에 대하여 '외국어교육으로서 일본어교육'의 시대를 뜻한다. 이 시대에는 1973년 브라질로의 집단이주의 종료나 1980년대 후반부터 일계인의 일본으로의 '이주노동현상デカセギ現象'이 일어나기 시작한 시기이다. 일계인과 비일계인의 결혼율의 상승이나 가정에서 일본어사용율의 저하도 이 무렵에 뚜렷이 나타났다.

제4 시기에 이어 '계승어로서의 일본어교육의 시대'라는 제5 시기를 추가하면 다음과 같다. 제5 시기는 1980년부터 브라질을 포함한 일계사회에서 일본어를 캐나다의 계승어 교육 이론에서 발달된 '계승일본어'로서 재검토하는 움직임이었다. '국어교육'에서 '외국어교육'으로 이행되고 있는 브라질 일계사회의 양상과 세계 일계사회의 일본어교육의 동향을 그대로 보여주었다.

10) 브라질에서 계승어로서 일본어교육 동향

남미를 포함한 세계 각국의 일계사회의 일본어교육이 '계승어로서의 일본어교육'으로 재검토되는 직접적인 발단은 1989년 제30회 해외일계인대회 기념사업으로서 개최된 해외일계사회에 관한 국제심포지엄 '일본어교육의 활성화'(해외일계협회 1989)에서 시작되었다. 이 심포지엄에서 아르헨티나, 브라질, 파라과이, 페루, 미국, 하와이, 그리고 캐나다 등 일본어교육의 대표자가 패널리스트로 참가하여 현지 일본어 교육에 관한 사정을 보고하였다. 각 국가대표들은 대부분 일본어교사나 일본어학교의 교장이었지만 캐나다에서는 당시 토론토대학 나카가와 교수가 참가하여 '캐나다 일계인간의 일본어교육-계승어교육으로서의 측면'이라는 제목으로 보고하였다. 캐나다에 있는 바이링걸교육의 관점으로 계승어교육의 유용성에 대해서 분석하고 일계인사회의 일본어교육을 계승어로서 고려할 것을 주장하여 크게 주목받았다.

이 대회 이후부터 브라질을 포함한 남미 일계인사회에서 일본어교육연구에서 '계승어'라는 용어가 빈번하게 등장하였다(カスタニャール日伯文化協会, 1995 ; 市村, 1996 ; 国際協力事業団, 1996 ; 国際協力事業団横浜国際センター, 2003). 이들 중에서도 특히 사사키(佐々木)와 동료 연구자들은 하와이나 브라질 일계인사회 이주자 자녀들의 일본어 교육을 바이링걸교육의 관점에서 '계승일본어교육'으로 분석하였다. 이 연구는 완전 새로운 시도였다고 할 수 있다(국립국어연구소 2000).

이들 연구소는 캐나다의 계승어 교육을 이론적 기반으로 하여 바이링걸교육으로서의 계승어교육의 개념을 특히 브라질 일계인사회에 적용하고자 시도하였다. 그러나 이 '계승'이라는 단어가 갖는 문화적가치관이 남미에 있는 일본어교육을 한층 복잡하게 만들었다. 즉, 이때까지 브라질 일본어교육은 초기 국어로서 일본어교육이 행해졌고 생활이 장기화되자 콜로니아어라고 불리는 언어를 사용하여 교육이 이루어지고 있었다. 그리고 이 콜로니아어를 사용했던 시기야말로 남미에서 '계승어의 시대'라고 할 수 있다.

나카지마(中島、2005 : 158)의 계승어의 정의는 '어린 시절 부모의 모어가 자신의 『모어』이지만 『현지어』가 강하게 됨에 따라 자신의 『모어』라고 말할 수 없는 상황이 초래되는 것을 말한다. 그렇다고 해서 부모의 언어가 『외국어』가 되는 상황은 아니다. 이러한 상황에서 부모의 말을 『계승어』 라고 부르는 것이다'라고 설명하고 있다. 브라질에 있는 일계인이 사용하는 콜로니아어는 확실히 이러한 상황에서 하나의 언어형태로 만들어지는 것은 아니다. 콜로니아어는 완벽한 일본어를 구사하는 이민 1세대들이 낮게 보는 언어이고 콜로니아어를 말하는 아동학생에 대해 국어로서의 일본어교육을 수행하려는 것이다. 그리고 전후 브라질 일계사회에서는 이때부터 국어교육으로서 일본어교육보다는 이민 3세-4세대가 중심이 되어 '외국어교육으로서의 일본어'를 가르쳤으며, 일본어교육의 새로운 생존의 길을 찾기 시작했다. 최근 브라질일계인사회는 이민 4세-5세대와는 달리 부모도 포르투갈어를 모어로 쓰는 사람이 대부분이다.

캐나다의 '계승어로서의 일본어교육'이 일계인사회에 유입되었기 때문에 이들 두 개의 '계승어 교육', 즉 브라질에 있는 '계승어=콜로니아어로서의 일본어교육'과 캐나다의 '계승어로서의 일본어교육'의 개념이 혼동을 일으켰다. 브라질에서 '계승일본어'를 주장하면 여전히 외국어로서의 일본어교육 시대라는 의문이 남게 되었다.

더욱이 다문화주의를 국책으로서 전면에 내세우고 있는 캐나다와 다민족사회지만 다문화주의를 국가의 정책으로 시행하지 않고 있는 라틴아메리카 사회와는 양상이 다르다. 국가에 의해서는 선주민이나 이민 집단의 문화전통이 눈에 보이는 형태로 유지되고 있는 것도 있지만, 나카가와는 라틴아메리카의 다문화주의에 대하여 "최근 여러 나라에서는 다문화, 다민족의 존재를 긍정적으로 평가하려고 하는 움직임도 보이고 있다. 그러나 이러한 것에서 라틴아메리카를 다문화주의라고 생각하는 것은 비약이다." 오히려 "지금의 라틴아메리카는 이질적인 것도 그 사회의 관습에 따라서 움직이는 관용 사회이다. 이질적인 것이 개인의 범위에서는 문제가 없으나 그것이 집단으로서 성장하고 하나의 이문화를 형성하는 기운이 보이면 관용은 사라져버린다. 그 의미는 라틴아메리카가 반드시 다문화주의 사회가 아니라는 것이다." (나카가와: 131) 라고 설명하고 있다. 이것으로부터 남미에서 '계승일본어교육'은 국가의 풍부한 '언어자원' 이라는 사회적, 경제적 가치를 동반한다는 소수언어자의 관점에서 주장되어 온 캐나다의 계승어교육과는 분명히 다른 것이다.

또한 라틴아메리카는 매우 계급적인 사회이고, 계급마다 차지하는 비율은 1980년에 지배계급(부르주아 3.2%), 중간계층(프티부르주아 24.2%), 하층계급(노동자계급, 34.0%), 피억압계층(언더클래스 38.6%)으로 나타났다(나카가와, 1997: 123-124). 교육제도에 있어서도 전통적으로 브라질 교육은 엘리트 양성이 목적이었으며 실질적으로 국민교육이 보급된 것은 1960년대였다. 문맹률은 20세기 전반보다 상승되었고 2002년에는 15세 이상의 문맹률이 88.2%였다. 같은 해 남녀 간의 격차도 감소하여 여성의 비율이 남성의 비율을 상회하였다. 그러나 간단한 읽기쓰기는 가능해도 지식의 사회적응용력이 동반되지 않는 기능적 문맹자(초등교육제 4년 수료자)는 15세 이상이 26.0%를 차지하여 지식의 완전화가 교육정책의 중요 과제가 되는(타무라 2005: 242-254) 등, 브라질의 교육사정 그 자체가 캐나다와는 완전히 다르다는 점도 염두해 둘 필요가 있다.

3. 파라과이 일계인의 민족교육과 민족정체성

1) 파라과이 일계인 수용배경과 지역적 분포

파라과이는 남아메리카 남부에 위치하고 있으며 브라질, 아르헨티나, 볼리비아에 둘러싸인 대륙으로 일본보다 조금 넓은 국토를 가진 농업국이다. 전 국민 약 549만 명 가운데 97%정도가 선주민으로 백인의 혼혈인 메스티소, 원주민 1.7%, 약 1%정도가 백인으로 구성되어있다. 1992년에 개정된 헌법에 의해 스페인어와 과라니어가 공용어이다.[38]

파라과이 일대는 16세기 초기 스페인의 침략을 받아 식민이 시작되었다. 17세기 초 예수교의 포교 개시 이전은 확대가족의 집단체로 부족공동체에 의한 집단생활을 형성했다. 점차 '전통적 가치체계'의 붕괴와 '새로운 유럽적 가치체계'를 수용하였다. 17세기 말에는 스페인이 입식하여 선주민은 스페인과 포르투갈인들에 포획되어 노예매매 대상으로 전락되었고 전쟁과 이동이 18세기까지 이어졌다.

---

38 과라니語는 투피어족에 속하는 언어로 파라과이가 스페인어와 함께 공용어로 쓴다. 문자는 로마어로 쓰고 있다. 볼리비아나 브라질, 아르헨티나의 경우는 일부에서만 사용되고 현대 과라니어는 스페인어에서 들어온 차용어가 많으며 다른 아메리카 토착인 아이마리어나 케추아어와 함께 영향력 있는 언어중 하나임.

1767년 예수회의 추방 후 1811년 스페인으로부터 독립했다. 독립을 지도했던 사람은 파라과이에 입식(入植)했던 스페인으로 목적은 자신들의 권리를 지키기 위한 것이었다. 장기간에 걸쳐 식민을 경험했던 선주민의 권리가 회복된 것이 아니라 현지 스페인에 의한 통치가 그 후에도 계속되었다. 1865년~1870년 브라질 아르헨티나, 우루과이 '삼국동맹전쟁'이 일어나 국토의 절반과 인구의 절반 이상을 잃었다. 국가의 재건은 인구회복이 우선이었고 방법은 외국이민의 유입이었다. 1870년 제정된 헌법에서는 국가재건을 위한 이민자들의 수용에서 "아메리카인과 유럽인을 장려한다."라고 명기하고 있으나 파라과이에 진출한 유럽이민은 극소수였다. 약간의 유럽이민은 도시부에 살았고 대토지제도에 의한 통치방식의 지배계층이 되었다.

구미 출신 이민을 장려했던 헌법은 이후 인종주의적 이민법 제정으로 1881년 '이식민법'에서 수용하는 이민의 대상을 백인만으로, 흑인과 아시아계는 배제되었다. 특히 동구계이민은 오지에 입식하여 이들 중 일계인 이민지에서 보여주는 바와 같이 그 나라의 습관, 문화, 언어가 현재까지 강하게 남아있는 곳도 존재한다. 즉 파라과이는 외국인집단이민지의 존재와 그곳의 문화, 관습의 존속이라는 특징이 있었고 이러한 것들은 일계인을 분석하는데 있어서 다른 중남미 여러 나라와는 다른 배경으로서 이해되어야 할 문제이다. 1919년 일본과 통상조약을 맺고 일본인 이민자의 입국 허가를 계기로 1924년에는 입국 이주법을 개정하고 황색인종이민을 해제하였다.

파라과이에는 외국인 이민과 다른 형태의 약 3만 명의 메노나이트(Mennonites)라고 불리는 그리스도교 재세례파 신자들이 입식했던 집단거주지(콜로니아)가 존재한다. 메노나이트인들은 16세기 이후 각지를 유랑한 후 파라과이에 1926년 입식했다. 일정한 국가에 귀속되지 않는 메노나이트인들은 수용국과 협정을 맺고 그곳에서 공교육, 징병의무의 거부나 독자적 종교공동체 유지의 승인, 수용국 사회로의 동화거부를 보장받았다. 현재 이들은 약 32,000명이 거주하고 있고 일상적으로 독일어를 사용하며 독자적 공동체를 형성하고 있다.

일계인과 메노나이트인뿐만 아니라 파라과이의 이민 집단은 국가형성에 중요한 역할을 담당해왔다. 현재까지 출자회사를 유지하고 있는 사람들도 많고 "그들은 파라과이 사회의 일원으로 자각하는 사람이 거의 없다." 이유는 종래 연구에서 파라과이가 근대국가 형성과정에서 국가 의식이 충분히 형성되지 않았다는 사실인식을 기초로 설명되어 왔다. 구미모토 이요(国本伊代)는 파라과이가 "외국이빈을 강세적으로 수용하는 시민사회가 존재하지 않는다"라고 주장하지만, 그것은 "주권재민의 이념과 의회민주주의제가 정착했던 시민사회 형성"이 없었기 때문에 '외국인 집단의 존재를 승인한' 결과라고 주장한다. 그러나 장기간에 걸친 식민지주의에 의해 권위주의적 독재정치체제를 유지하여 절대적 계급차이가 존재하고 일부 지배층의 유럽계 이민자들은 자신들의 권리, 권익옹호를 위해 일반 파라과이인의 대두나 선주민의 사회참가를 달갑게 생각하지 않고 오히려 시민사회의 형성을 저해하는 요인이 되고 있다. 장기독재정권을 이끈 독일계이민출신자인 스트로에스네르(Alfredo Stroessner Matiauda, 알프레도 스트로에스네르)는 도시와 농촌을 결합한 인프라 정비나 농촌부의 교육을 중시하지 않았고 국민의 과반수를 차지하는 농민이 계몽되어 사회적 발언권을 갖는 것을 꺼려했다.

그리고 1960-70년대에는 선주민에 대한 엄격한 박해도 발생했다. 즉 파라과이의 전 국민을 대상으로 시민사회형성을 촉진하는 것보다 출자회사와의 연계를 통한 '외국인'의 유입이 파라과이에 있어서 유익하다고 판단했기 때문이다.

타지마는 장기간의 콜로라도 정권(1947~2008년)의 군사독재체제 및 과라니어나 과라니문화를 파라과이인 정체성 상징의 중요한 요소로 가지고 있는 것이 국민국가형성의 결핍 요인으로 지적하였다. 1940년대부터 주류 정당이었던 콜로라도당은 1945년 스토로에스네르 정권창출에 의해 '국가정당'으로 부상하여 군부와 결탁하였다. 1989년까지 계속된 독재정권은 야당을 무시하고 반대세력의 탄압과 감시를 계속하여 파라과이국민으로서도 콜로라도 당원이 되는 것을 중시하였다. 그리고 "과라니어에 의한 과라니적인 동일화 의식이 존재한다"라는 생각과 함께 "파라과이의 국민의식 형성을 위해 노력하는 기능도 없이" 외국계이민자들이 출자회사를 유지할 수 있는 상태가 만들어졌다. 그러나 스트로에스네르의 장기독재체제는 국가로서 국민의식을 통합하려는 강력한 리더십을 발휘하였다. 이런 와중에 외국계이민자들에게 파라과이의 내셔널리즘을 강제하는 것이 아니라 출자회사를 유지하게 한 요인은 일본을 포함한 출자국가, 브라질, 아르헨티나, 아메리카 등 여러 외국과 파라과이의 관계를 빼놓고는 생각할 수 없다. 일본은 1976년 이후 파라과이의 최대의 원조국으로 파라과이에 거주하는 일계인의 정체성을 형성하는 중요한 요인이 되었기 때문이다.

2) 일본정부의 파라과이 이민송출 이유와 특징

일본은 1919년 파라과이와의 통상조약을 맺고, 이민송출지로서의 검토를 시작했다. 그러나 실제로 이민송출이 이루어진 것은 아메리카의 1924년 '배일이민법'이나 브라질의 1934년 '이민이분제한법' 등에 의한 이민자수의 감소를 겪고 난 후인 1936년부터이다.

파라과이에서는 1935년 볼리비아와 체코사이에 전쟁이 일어났기 때문에 이민교섭이 난항이었지만, 인구집중지역에 거주금지 등의 조건을 붙여 수도로부터 100km정도 떨어진 곳에 라·코루메나 이주지에 이민송출이 이루어졌다.

전후 일본은 잉여인구대책으로서 이민송출을 국가사업으로서 재개하려했다. 일본은 해외이주를 위한 조사사업을 개시했다. 그리고 1954년 해외협회연합회(이하 해협련), 1955년 일본 해외이주진흥회사(이하 이주진흥)와 같은 정부기관을 설립하여 이민송출을 본격화하였다.

전후 일본 이민정책에는 전전과 다른 양상이 존재한다. 전후 일본정부의 공식문서에 이민을 '이주자' 라고 바꿔 부르고 있다. 이것은 '이민'이라는 단어에 있는 부정적인 인상을 불식시키고 '이주'를 사용함으로써 적극적이고 도전적 효과를 나타내기 위해서였다. 이것은 현재도 계속되어 정부문서에도 '이민'을 잘 사용하지 않고 있다. 그리고 일본 이민송출계획에 관하여 와카쓰키 야스오(若槻泰雄)는 "대량송출, 수용국중심주의, 정주사상의 강조가 있었다"고 주장한다. 당시 파라과이 상황에 비추어 보면, '대량송출'은 1959년 일본 · 파라과이 간의 '이주협정'에 의해 30년간에 걸쳐 85,000명의 이민자를 송출하였다. '수용국중심주의'는 전후 일본의 국가주의사상의 반성에서 비롯되어 여러 외국의 승인을 받기 위해서도 필수의 조건이었다.

사진 3.6 일본인의 기술 이민자 알선과 중남미 이민

'수용국에의 공헌이 지상명령'으로 '세계의 복지증진에 기여하기' 위해 국제협력을 다하자는 것이 강조되었다. 이 때문에 일본이민자들은 입식환경이 가혹한 이주지에 대한 시비를 묻지 않고 이주를 감행하는 요인으로 작용했다.

일본정부의 수용국중심주의는 이주지교육에 있어서도 전전과 전후의 정책이 달랐다. 전전은 문부성으로부터 교원이 파견되는 것이 많았고 국정 교과서사용, 교육칙어를 기초로 한 교육이 기본방침이었다. 전전 브라질 일본이주민 자녀의 교육방침에 대한 논의가 한창일 때 중심이 되었던 것은 '문화의 고저관'이었다. 이것은 1930년대 일본 역행회의 나가타 시게시(永田稠)가 빈번히 주장했던 교육관에서 보이는 것처럼 "아메리카 등의 '선진국'에의 동화는 용인이 가능해도 브라질 같은 '비문명국'에의 동화는 용인하기 어렵다"라는 것에도 잘 나타나 있다. 그렇기 때문에 '일본민족의 문화의 저하'를 초래하는 것은 용납할 수 없기 때문에 일본정신 · 일본어교육이 강조되었다.[39]

한편 전후 일본정부의 이주재개 당시 이민정책은 상대국의 동화나 공헌 등이 중시되어 현지 학교에 들어가는 것은 당연하다는 인식이 강했다. '정주사상의 강조'는 모든 외국으로부터 침략주의로 간주하는 이민이 아니라는 것을 표출하기 위해서였다. 전전과 같은 귀국지향이 강한 이주노동(出稼ぎ)의 이민이 아니고 수용국에 정주하는 것이 의무라고 생각하여 그 나라의 발전에 공헌하는 이민을 강조했다.

샌프란시스코 강화조약을 이후 일 · 파라과이는 차관에 의한 자국선박의 건조를 일본에 요구하였다. 교섭 끝에 '30년 85,000명, 1년에 3,500명 이하'의 이주협정과 '380만 달러의 일본제 선박구입의 신용거래'라는 샌프란시스코와 파라과이 협정이 1959년에 조인되었다. 이후 일본의 파라과이 수출액은 증가하였고 일본의 ODA금액, JICA기술협력경비는 남미에서 브라질에 이어 2위로 부상하였다.[40]

전술한 바와 같이 전전과는 다른 명확한 이민정책으로 브라질이민이 재개되었던 것이 1945년 브라질 이민정책에 변화가 있었고 이민송출이 불확

---

39 島勝(2003)「第２次世界大戦前の在外子弟教育の展開」小島勝編著『在外子弟教育の研究』, pp.18-20.

40 政府開発援助ＯＤＡ国別データブック2007』外務省国際協力局編、2008年。

실했기 때문에 이민대체지로서 파라과이 이민이 검토되었다. 1959년 이주협정조인 이전에 파라과이 이민이 모집되어 1955년 제1회 파라과이 이민이 차베스 이주지로 입식되었다.

3) 파라과이 일계인의 단체 활동 현황

1980년대 파라과이 이주지의 자치회조직이 일본인 중심으로 조직되어 일본인회, 청년회활동이 활발해졌다. 후라무 이주지는 후지, 라파스, 산타로사 등 3지구가 통합되어 1972년 라파스 이주지로 바꾸고 1980년대 인프라 정비가 진행되었다. 1981년 JICA 지원으로 파라과이 제2의 도시 엔카루나시온까지 도로가 정비되어 1988년 전화(電話)가 개통되었다. 이후 순차적으로 1988년에 수도시설, 1995년에 개인전화가 개통되었고 생활도 크게 향상되었다. 또한 1997년 NHK위성방송이 개시되어 시차 없이 일본의 방송을 볼 수 있게 되었다. 이러한 것들은 일본정부의 지원이 매우 컸다.

이주 초기 무렵 작물은 마이스(옥수수), 포메로(그레이프 후르츠), 츤구(유동), 만죠카(주식용 감자), 마테차, 양잠 등이었다. 집 주변에는 주로 자급용 벼와 야채 등을 재배했다. 자급자족, 직접재배가 기본이었으며 식료품으로 구입하는 것은 소금, 설탕, 밀가루 정도였다. 입식 후, 수제 된장, 간장용으로 대두를 재배하기 시작했지만 1970년대 이후 상품작물로서 재배하고 판매를 확대하여 세계시장에 판매한 것이 지금의 일계인 사회를 만들었다. 입식 초기에는 20~50정보였던 토지도 대두재배의 성공으로 보다 넓은 토지에서 재배하기 위해 이민자들은 1990년경까지 넓은 토지를 찾아 이동하는 사람들이 많아졌다.

일계농가의 대부분이 대두를 중심으로 밀, 면화, 옥수수 등을 재배했고 파라과이의 수출품으로서 대두를 만들어 낸 것은 일계인이었다. "일계인으로서 대두농가는 250~300정보로 생활이 가능하다"고 알려져 있으며 이들

중 1,000정보의 토지를 갖고 있는 사람도 존재한다. 그러나 토지를 구입하여 대규모농업을 경영하기 위해서는 기계를 구입해야 하기 때문에 많은 빚을 떠안은 채로 농업을 경영할 수밖에 없는 구조였다. 또한 '녹색 혁명(緑の革命)'에 의해 광대한 토지일면에 만든 대두, 밀이 세계경제로 편입되면서 수확시기가 매일 기후나 시장상황에 의존하게 되었다. 수확의 하루하루 차이가 큰 손익을 발생시키게 되면서, 비료, 농약, 수확, 출하, 기계 구입 등에 큰 결단과 경영수단이 필요하게 되었다. 이에 따라 일찍이 같은 스타트라인에 서 있었던 일본인이주자들에게도 큰 격차를 발생시켰다.

2006년 현재 일계인 수는 약 1,700가구 약 7,000명으로 세대인 수는 4.7명 정도이다. 거주지역은 농촌부에 5개 지역(라코르메나, 차베스, 라파스, 피라포, 이구아스)과 도시부에 4개 지역(아슨시온, 엔카루나시온, 페도로 판 카바리에로, 에스테)으로 기타 지구에는 거의 살고 있지 않다. 농촌부거주자가 도시부거주자보다 다소 많고 남성과 여성은 거의 비슷한 수준이다.

연령별 구성을 살펴보면 0~39세의 일계인 3세와 일계인 2세가 57.6%로 파라과이 출생이 절반을 차지하였다. 60살 이상은 16.6%로 고령화가 진행되고 있어 대책이 시급한 상황이다. 또한 0~9살은 10.9%로 젊은 세대의 해외(특히 일본) 취업과 정주가 진행되어, 결혼, 출산시기에 파라과이를 떠나는 원인으로 지적되고 있다.

입식 당시 100%가 농업이민이었기 때문에 지금도 일계인 취업의 대부분은 농업이지만 취업은 대규모 농업으로 이어지지 못했다. 그렇기 때문에 토지를 준비하지 못하는 등의 이유로 이농했던 사람들이 생겨나 농업은 43.7%로 절반 이하에 그치고 있다. 일계인 단체종사자는 7%로 높은 편인데 특히 농업부에서 1%를 초과한 것으로 나타났다. 안정된 농업관련 기업에 취업하는 것은 일계인들에게 공무원이 되는 것과 같은 인식이어서 이주지에서는 중요한 취업처가 되었다.

사진 3.7 일계인 파라과이 이구아스 이주지

농촌부와 도시부 일계인 공간이주지에는 일본인회가 조직되어 농협이나 일본어학교 등을 포함한 커뮤니티를 형성하고 일상적으로 각 커뮤니티 내에서 활동할 수 있게 되었다. 전국적 조직으로서는 전 파라과이 일계인 연합회가 총괄적인 역할을 맡아 일본 등 외부와의 창구역할을 담당하였다. 전 일계인 가정의 9할 정도가 소속되어 있다. 파라과이는 면적이 일본보다 조금 넓어 각 이주지 간의 왕래가 용이하고 인구적으로도 일계인 상호 간 인식이 가능할 정도이다. 또한 일계인 사이의 결혼으로 친인척으로 연결되는 경우도 많다.

파라과이는 이민국가로 이민자들에게 국가 만들기를 맡겼고 각 이민자에 대한 에스니시티 유지에 관용을 보여 오랫동안 '일본인'의 정체성을 갖게 하는 사회적 환경을 조성하였다. 일계인이나 이주관계자들은 장기독재정권을 이끈 "스트로에스네르 대통령이 친일가였다"라고 표현할 정도로 우호관계를 강조하였다.

4) 파라과이 일계인의 초국가성과 정체성 특징

1945년 전쟁 전 파라과이 이민은 최초의 이민지선정조사, 이주지 구입은 해외이주조합연합회 계열로 브라질에 거점을 둔 브라질 척식부의 하부조직인 파라과이 척무부에 의해 이루어졌다. 라코루메나로의 일본인 입식 전에 먼저 브라질에 선구이민으로 10가족을 입식시켜 이주지를 파악했다. 이후 1936년 일본에서 11가족을 시작으로 1941년까지 123가족 790명이 입식했다. 그러나 일계인들을 수용할 인프라가 충분치 않았고 휴대자금이 부족한 가운데 도중에 자연재해에 의한 피해로 많은 이주자들이 각지로 산재하게 되었다.

일본인이민자들은 파라과이의 국내 상황, 대외관계에 의해서도 힘든 국면을 맞이하게 되었다. 체코전쟁이나 내전이 계속되는 가운데 연합국 측이었던 파라과이는 1942년 일본과 국교를 단절했다. 라코루메나(La Colmena) 이주지가 그대로 재파라과이 일본인의 수용지가 되었고 허가 없이 이주지 밖으로 나가는 것은 금지했다. 정부기관 관계자는 귀국하고 이주자들은 간섭 제약으로 단체 활동, 사회적 대외활동이 금지되어 라코루메나 이주지의 발전을 방해했다.

사진 3.8 남미 일계인 이주지 생활

일본패전의 충격으로 귀국의 꿈도 잃어버리고 일본과의 관계도 단절된 일본인이민자들은 자립자영의 길을 걸을 수밖에 없었다. 1948년에 겨우 농업협동조합을 결성하고 1950년 일본인이민자들에 대한 간섭제약이 해제되었다. 라코르메나 이주지로의 일본인 이민자의 입식은 147가족(전전 12가족, 전후 9가족, 직원 15명)이었으나 전후에는 11가족 정도였다. 현재 일계인은 약 300명 정도로 과일과 야채생산을 주요 산업으로 종사하고 있다.

파라과이 일계인의 전후 이민재개는 처음에는 라코르메나 이주지로 계획되었지만, 이미 이민자들로 채워졌기 때문에 국영의 차베스 이주지로 입식되었다. 차베스 이주지가 만식된 후에는 이주진흥에 의해 점점 대규모 이주지가 조성되어 갔다. 최초 이주지는 1955년 조성된 다이쇼이주민단체가 입식했던 후라무 이주지로 1958년 말에는 차베스 이주지에 117호, 후라무 이주지에 167호가 입식했다. 1960년 피라포 이주지, 1961년 이구아스 이주지가 개설되었고 이들 이주지는 전후이민이나 일계인2세 등의 분가대책이기도 했다. 당시 이민자들이 구입한 토지, 입식조성 면적은 가고시마 현의 경지면적을 상회할 정도였다.

제1회 전후이민이 입식되었을 무렵 이민자 수용태세가 충분하지 않아 이민자들에게 장기간에 걸쳐 다양한 어려움에 직면하였다. 이후 대규모 수용태세가 정비되었지만 일본 국내의 고도경제성장으로 1961년 166호를 정점으로 1965년 이후 파라과이 이주는 막을 내렸다.

5) 파라과이 일계인의 일본어교육

파라과이에 일본인의 이주가 개시된 것은 1936년이고 제2차세계대전의 발발에 의해 1941년 중반까지는 700명이 파라과이로 이주했다. 전쟁에 의한 영향으로 1942년 파라과이 정부는 일본과의 국교를 단절하여 이주지에서 일본어교육이 금지되었다. 1945년에는 파라과이 정부가 일본어교육을 금지했기 때문에 이후 수 십 년간은 테라코야(寺子屋)형식으로 교육이 이루어졌다. 1954년 이주가 재개되어 1974년에는 항공편에 의한 이주도 재개되었다. 전후 이주재개부터 1993년까지 파라과이 이주자 총수는 7,177명이었다. 그리고 2016년 이주 80주년을 맞이하여 파라과이의 일계인 인구는 1만 명 정도였고 브라질로의 이주가 5만 3,657명 정도였다. 현재 일계인 인구 160만 명 정도의 브라질과 비교하면 매우 적은 수에 속한다(파라과이 일본인연합회, 2007).

그러나 파라과이 일계인의 일본어능력은 남미 일계인사회에서 수준이 높다고 평가되고 있다. 파라과이에는 현재 다섯 지역의 일계인이주지가 잔존하고 있고 일계인에 의한 강력한 결속을 갖는 커뮤니티가 존재하여 이주자 자신들의 일본어사용 빈도나 일본어 학습동기의 강화에 크게 기여하고 있는 것으로 나타났다. 또한 각 이주지에 일본어학교가 있고 일본어문화지향이 높은 것도 중요한 이유 중 하나이다(파라과이 일본인연합회, 2007: 411-414).

현재 파라과이에 있는 일계인이주지는 라코루메나 이주지, 차베스 이주지, 라파스 이주지, 피라포 이주지, 이구아스 이주지이고 각 이주지의 일본인회가 일본어학교를 운영하고 있다. 기타지역으로는 수도의 안스시온에 1개교, 파라과이 제2-제3도시에 있는 시오다디루에스테, 엔카루오시온에 각 1개교, 아만바이에 1개교 등 총 9개교의 일본어학교가 일본인회에 의해 운영되고 있다.

이들 일본인회가 운영하는 일본어학교에 다니는 소학교 1학년~고교 3년생 가운데, 일계 · 비일계인 · 더블의 학생들의 내역은 일계가 471명, 더블이 248명, 비일계인이 67명으로 총 786명이고 일계인의 학생 수는 비일계인의 학생 총 수를 상회한 것으로 나타났다(전 파라과이 일계인교육추진위원회교사회, 2016년).

대부분 일본어학교 교재는 2016년 시점으로 일본에서 사용하고 있는 미쓰무라출판의 검정교과서가 사용되고 있다. 그리고 이주지에서는 일상적으로 일본어 대화가 지금도 계속되고 있다. 그렇다고 해서 현재 일본어가 국어로 교육받고 있다고 판단할 수 있는 문제는 아니다. 최근 일계인들도 일본어가 아니라 스페인어를 사용하여 대화하는 가정이 증가하여 일계인의 일본어 능력이 저하되고 있다는 것으로 나타났다. 또한 이주지에 사용되고 있는 일본어는 브라질에서 말하는 콜로니아어 같은 일본어와 스페인어의 혼용어인 경우도 대부분이다. 그리고 일본어학교의 학생의 내역에서 알 수 있듯이 학습자는 일계인뿐만 아니라 더블 · 비일계인의 학생들도 재학하고 있다. 일계인이지만 일본어를 이해하지 못하는 아동의 증가, 부모 모두 일계인인 아동의 감소, 그리고 비일계인의 일본어 학습을 희망하는 학생들의 증가는 이주지 일본어학교에서 '국어로서 일본어'를 가르치는 한계에 직면하고 있다. 그렇기 때문에 교수법으로서 '외국어로서의 일본어'를 가르칠 필요성이 증가하고 있다.

그러나 학생의 절반 가까이는 일계인학생으로 그들에게 일본어는 전혀 다른 외국어라고 말할 수 없다. 일계인사회에서 계승되고 있는 것은 언어뿐만이 아니라 일계인자녀는 가정에서나 친척집, 매일 식사자리나 마쓰리(お祭り) 등 이벤트를 통해 어릴 때부터 일본문화에 접촉해오고 있다. 이것은 일본어를 배울 때 경험적 학습 면에서 큰 장점으로 이어지고 있다.

이들 일계인 학생들에 대해서는 전술한 나카지마의 "어린 시절은 부모의 모어가 자신의 『모어』이기도 하지만, 『현지어』가 강해짐에 따라 자신의 『모어』라고 말할 수 없는 상황이 된다고 해서 부모의 말이 『외국어』가 되는 것이 아니다. 이러한 상황에서 부모의 말을 『계승어』라고 부른다"(2005 : 158)라는 주장과 부합된다. 나카지마가 주장한 계승어 교육은 브라질이나 페루 등 이주의 역사가 오래된 나라들보다는 오히려 현재 파라과이거주 일계인의 일본어교육 상황과 일치하고 있다.

파라과이의 일계인사회에서 일본어도 브라질이나 기타 남미 여러 나라와 같이 쇠퇴의 길로 들어서고 있다. 이러한 흐름에 따라 일계인의 일본어교육에 대한 새로운 개념의 정립을 모색할 필요성이 높아지고 있다.

6) 파라과이 일계인의 민족교육기관 현황

파라과이에는 호칭으로 분류되는 일본어교육기관이 3종류가 있다. 첫째, 파라과이의 문부문화성이 공식사립학교의 정규과목으로서 일본어를 가르치고 있는 곳이 4개교, 이들 중 1개교는 바이링걸 학교이다. 둘째, 파라과이 단기체류 자녀용으로 '일본어학교'이고, 셋째, 일본인회가 운영모체인 '일본어학교'이다. 이상이 일계인과 비일계인 등 양 자녀를 대상으로 하는 일본어교육기관으로 초등학교가 많다.

2006년도 파라과이 전 지역에는 일본어교육기관 17개로 학습자가 약 2,100명 정도였다. 이들 중 일본인회 운영에 의한 일계인대상의 일본어학교는 11개교로 학습자가 약 1,100명, 교사 수가 약 80명으로 현재 거의 대부분 전 학교에 비일계인의 자녀가 재학하고 있다. 일계인자녀의 감소를 비일계인의 입학으로 보충하는 학교도 증가하고 있다. 2007년 통계에는 부모 모두가 일계인인 경우가 51.4%, 부모 한쪽이 일계인인 경우가 33.3%, 비일계인이 15.3%로 일계인이 거의 절반이지만 도시부에는 일·파라과이가 절반을 차지하였다.[41]

파라과이 전체 일본인회연합회의 하부조직으로 전 파라과이 일계인교육추진위원회가 교사연수, 교재개발, 스피치콘테스트, 작문대회, 일본어능력시험(년1회) 등을 시행하고 있지만 상세한 시행은 각 학교에 일임하고 있다. 입식 당시부터 자녀교육은 일본인 이민자들에게 큰 과제의 하나였고 학교는 교육의 장으로서만이 아니라 '일본'이나 '일본문화'를 재생산하는 장으로서의 역할을 담당하고 있다. 또한 학교에서 수행하는 여러 가지 행사나 일계인사회의 모임이 유일한 즐거움의 하나이다. 각 학교의 운동회나 학예회 등이 지역 일계인공동체의 행사로서 개교 당시부터 현재까지 계속 시행되고 있다.

학교 조례에는 일본·파라과이 양국의 국가제창, 국기게양이 행해지고 있다. 각 학교들은 일본의 행사나 습관을 아이들에게 배우게 하는 것을 교육 중심의 하나로 꼽고 있고 이것은 각 학교의 '교육목표'에도 잘 나타나 있다. 교육목표에 '일본문화'와 '일본의 뛰어난 문화'라는 용어가 들어가 있는 것은 각 2개 학교로 일반적으로 일본인의 특징이라고 인식되고 있는 용어(협조성, 책임감, 근면 등)들이 들어가 있는 것은 7개 학교이다. 이들 7개 학교 중 5개 학교는 '일본어교육을 통해' 몸으로 체득시키고 있다.[42]

---

41 007年出典国際交流基金: 〈http://www.jpf.go.jp/j/japanese/survey/country/2007-2008/paraguay.html〉(2008年 9月 現在).

42 ラグアイ日本人会連合会: 〈http://federacion.hp.infoseek.co.jp/escuela/escuelas.html〉(2008年 9月 現在).

사진 3.9 일계인 이주지 일본어서적 출판과 복지

일본어학교 교사는 전술했던 바와 같이 일본인회 등에 의해 위촉된 사람이 대부분이지만 이주지에서의 상황도 크게 다르지 않다. 최근 일계인 3세들 중 파라과이의 교육과정에서 배운 바이링걸 교사들이 양성되면서 이들에 대한 기대감도 커지고 있다.

JICA의 파라과이에 대한 지원은 다양한 분야에 인적자원과 기술원조가 시행되고 있으며 인적지원의 가장 중요한 항목에 일본어교육이 들어있다. 2005년 남미 일본인 이민수용국 5개국(아르헨티나, 볼리비아, 브라질, 페루, 파라과이) 중 경비총액은 브라질에 이어 2위로 일본어교육파견을 포함한 청년해외협력대, 자원봉사자의 총수는 1,120명으로 제1위에 해당되었다.[43] 파라과이 일계인 인구는 다른 남미 여러 나라에 비교하여 적은 편이지만 지원자 수가 상위를 차지하고 있는 것은 매우 흥미롭다. 2005년 재 파라과이 JICA 소장은 "일본어교육을 통해 일본문화나 민족성을 지키고 있는 파라과이의 일계인 사회를 존속시켜가는 것이 가능하다. 파라과이에서 일본의 뛰어난 문화와 전통을 지키는 일계인사회를 계승해가는 중심이 일본어교육'이라고 지적하

43 1954年~2006年の実績 (国際協力機構『JICA事業実績書』2007年)。

고 파라과이에서 일본문화를 지켜가고 있는 일계인사회가 발전해 가는 데 일본어는 필요불가결하고 기초가 된다"고 강조했다. 2008년 4월 파라과이의 JICA소속 일본어교사 파견은 8명으로 기타 천리교로부터 파견된 일본어교사도 합류하고 있다. 라파스 이주지에는 1985년 이후 JICA의 청년해외협력대원, 일계인 시니어, 청년봉사활동, 전문가파견 등 16명이 교단에서 활동해 왔다.

JICA 등으로부터 파견된 교사는 일본어의 전문교육을 받은 사람들이 이전에는 적었다. 영어, 일본어의 교수 경험이 있거나 또는 미경험자는 일본어교육의 사전연수를 받아서 현지로 오게 된다. 최근 결원보충을 위해 각 학교들이 독자적으로 인터넷을 통해 일본어교사를 모집하기도 한다.

일본어학교 수업형태에 대해서는 전술한 바와 같이 수업일은 각 학교마다 학생의 상황에 따라 주1회부터 매일까지 다양한 형태이지만 모든 학생은 스페인어학교가 본래의 의무교육과정으로 일본어교육은 과외의 사숙에 해당된다. 스페인어 학교 수업이 없는 시간에 맞추어 매 학년 수업시간이 짜여 있어 일본어학교는 오전이나 오후의 반일, 또는 토요일 하루 정도 실시하는 곳도 있다. 예전에는 각 일본인 이주지에 일본어학교가 다수 존재했지만 현재 통폐합되어 각지에 1개교 정도 남아있다.

사진 3.10 이주지 일본어 교육

라파스 이주지에도 라파스 일본어 학교 1개교뿐이며 현재 유치부, 소학교, 중학부가 있고 매일 개교하고 있으나 수업일은 각 학년이 주 2일이다. 각 학년 1학급, 학생 수 10인 이하에 선생 1명이다. 비일계인의 학급은 고학년과 저학년 2학급으로 전자는 일계인 3세의 선생, 후자는 청년협력대원의 교사(2008년 3월)들이 스페인어를 가르치고 있다. 라파스 이주지 같은 일계인 집거지에도 확인 가능한 것이지만 도시지역 일본어학교는 뚜렷이 학급 내 아이들의 일본어숙련도에 많은 차이를 보이고 있다. 부모가 일계인이어도 제1언어가 스페인어인 가정이 많이 존재한다.

1990년 당시 일본어학교는 검도나 일본사회를 가르쳤고 JICA의 보고서에 따르면 학습내용을 '규율을 지키는 예의 바른 일계인' 양성을 목표로 내세우거나 '일본의 전통과 문화를 번창시키는 노력의 열의를 보인다'는 식으로 인식되고 있다. 일본어 이외의 과목은 '학생의 일본어에 대한 관심을 높이는 것과 동시대 일계인의 의식 형성 및 일본문화와 전통을 배우게 하는' 교사의 노력 등 '일본어를 단지 하나의 언어로 배우는 것이 아닌 일계인들이 전승해야 할 문화의 총체로서 가르치고 싶다는 자세'로 임하고 있다. 약 20년 전 파라과이 일본어학교 교사는 일계인 1세-2세들이고 일본어교육을 단지 어학학습이 아닌 일본문화와 일체된 것으로서 이해하고 있다. 현재 타 교과의 지도를 동시에 수행하고 있는 곳은 별로 없고 보조적으로 습자 등의 수업이 이루어지고 있으며 행사 시 일본 국가제창, 국기게양, 예절교육을 통한 일본문화의 습득을 목표로 1990년 당시나 지금과 동일하다.

7) 파라과이 일계인의 교육실태

파라과이 전후이민의 일본어교육 개시 이후 현재까지 일본어교육을 위한 교과서의 사용이 계속되고 있다. 전전 일본인이주지에는 70년간, 전후 50년간 일본어 문부성(현 문부과학성) 인정의 교과서를 사용해오고 있으나 일본 이외의 장소에서는 장기에 걸쳐 '국어로서 일본어'를 가르쳐 왔다는 것에 주목할 필요가 있다. 이하에서는 파라과이의 '국어교과서사용'에 관한 사용실태, 기능면, 일계인 심정면 등 3개의 측면부터 검토하고자 한다.

교과서의 사용실태는 현재 일계인자녀 대상의 일본어교육에 미쓰무라

도서(光村図書)의 국어교과서가 사용되고 있다. 비일계인 학습에는 사용하지 않고 있다. 특히 2개 일계인학교(라파스, 아만바이)에서 주교재로서 사용되고 있다.

표 3.3 일계인가정 언어생활 (%(명))[44]

지역명	1985년(가정 내 일본어 사용률)	1990년 (N=524)		2000년 (N=271)	
		일본어가 주	일어 스페인어 반반	일본어가 주	일본어 스페인어 반반
아슨시온	86~91			45.5(30)	12.1(8)
아만바이				60.0(21)	14.3(5)
이구아스	99	91. 8(79)	6.6(6)	83.0(39)	10.6(5)
에스테	86	80.6(21)	7.6(12)	56.3(9)	25.0(4)
엔카루나시온	99	68.2(43)	20.6(13)		100.0(2)
차베스	80	70.9(22)	22.5(7)	18.8(3)	-37.5(6)
피라포	90~99	91.3(168)	7.6(14)	60.0(6)	30.0(3)
라코루메나				46.1(18)	10.2(4)
라파스	85~95	90.9(122)	5.9(8)	75.0(27)	25.0(9)

위의 〈표 3.3〉의 응답자수는 일본어학교 관계로 일계사회 전체를 표시하는 게 아니라 부모와의 대화에서 사용하는 언어로 형제간이나 친구와의 대화는 불명이라는 점을 고려할 필요가 있지만 어느 정도 상황을 유추할 수 있을 것이다. 먼저 가정 내의 언어는 '일본어가 주'부터 '일본어 스페인어 반반'으로 확실한 이동을 보이고 있다. 일계인들 사이에서도 일본어를 사용하지 않는 가정이 적지 않은 것에 대한 의문이 존재한다. 그래서 파라과이에서 태어난 교사가 많은 현재, 그들이 국어교과서를 사용해 지도하는 것이 무리가 아니라는 생각이 든다. 파라과이 일본어교육 현장에 있어서 국어교과서

44 中山寛子(2010) "パラグアイの日系人と日本語に関する一考察- 「国語としての日本語教育」の意味するもの." 1985年 出典『南米及びカナダにおける移住者子弟のための日本語学校概況調査』『パラグアイ及びボリビアの戦後集団移住地における子弟教育』。1990年 出典『パラグアイ及びボリビアの戦後集団移住地における子弟教育』, p.20。2000年 出典『2001年度学校要項全パラグアイ日本語学校収録』, p.93。

의 사용실태와 일본어사용현황을 살펴보면 국어교과서가 실정에 맞지 않는 것임을 알 수 있다.

일본어교과서 기능면에서 살펴보면, 국어교과서라는 것이 제작과정에서 많은 전문가에 의한 편찬과정의 검열이 이루어지고 사용역사, 사용인수 등에서 신뢰할 만한 것으로 교사나 보호자들에게 있어서 안심 할 수 있다는 것을 보여주고 있다. 또한 교과서내용 등의 개정도 이루어져 일본사회의 변화에 대해서도 적응력이 있는 것으로 국어교과서를 사용하고 있는 한 걱정할 필요가 없을 것이다. 그러나 국어교과서 사용대상자가 일본사회에 거주하는 일본어화자를 상정하고 있기 때문에 파라과이에서 교과서로서 기능을 다하고 있는지는 불투명하다.

아마 많은 사람들은 이러한 물음에 부정적으로 대답할지도 모른다. 파라과이 일본어학교의 경우 저학년 학급에서 국어교교과서의 음독을 실시했지만 비일본어화자도 재학하는 학급에서 한자가 빈번한 교재의 음독은 용이하지 않다. 복잡한 문법항목을 포함하여 의미내용 이전에 문장구조의 이해가 어디까지 가능할 것인지 의문이 남는다. 1990년 JICA의 보고서에도 지적되고 있는 바와 같이 '일본 아이들 대상으로 만든 교과서의 내용에 따른 일계인사회의 아이들에게 일본어를 가르치는 어려움'은 상상 이상의 것이라는 분석도 있다. 아르헨티나나 브라질 이전의 경험을 살펴보면, 국어교과서로 일계인사회의 자녀들에게 일본어를 가르치는 것이 어렵기 때문에 파라과이에 있어서도 가까운 장래에 반드시 새로운 교과서가 필요하다는 것이다. 즉 이미 20년 전에 만들어진 국어교과서는 교과서로서의 기능을 다하지 못하고 있다.

국어교과서 문제는 JICA의 보고서에 지적된 바와 같이 1990년 파라과이와 볼리비아의 일계인사회의 교육에 대한 조사 보고서가 최초이다. 이전 보고서에서는 일계인지원의 한 분야로서 일본어교육이 기록되거나 일본어학교 학생 수, 사용교재 등의 상황이 보고되는 정도였다. 1990년경에는 전후 이민 3세들이 학령기가 되고 일본어 사용자의 감소나 비일계인 아동의 증가에 의해 교사들이 교육 현장에서 가르치는 어려움을 호소하는 목소리가 높아져 이러한 조사들이 수행되었다.

그리고 1995년 일본어교육의 전문가 JICA, 국제교류기금의 관계자를 중심으로 한 15명이 '일계인과 일본어교육의 생각에 관한 검토위원회(이하 검토위원회)'를 조성하여 아르헨티나, 볼리비아, 브라질, 파라과이, 페루의 일본어교육에 대한 조사를 수행했다. 이 보고서에서도 국어교과서는 실정에 맞지 않고 일본어학교에 사용되는 것은 힘들지만, 국어교과서가 사용되고 있는 이유와 장점에 대하여 다음과 같이 설명하고 있다.

첫째, 교과서의 내용과 학습자의 정신연령이 일치하고 학습자의 흥미나 관심이 합치한다.
둘째, 일본의 아동과 같은 교과서를 사용하는 것으로 보호자에게 안심감과 만족감을 준다.
셋째, 삽화 등의 색 사용이나 레이아웃이 멋지고, 아이들에게 매력적이다.
넷째, 언어와 함께, 자연이나 일본문화의 소개로 학습에 대한 동기를 부여하고 있다.
다섯째, 싼 가격으로 입수가 가능하다.

위의 국어교과서 사용이유 2의 '보호자의 안심감과 만족감을 준다'는 항목이 주목할 만하다. 그러나 1990년 새로운 교과서가 '장래에 필요함'이라고 주장했지만 1995년에는 '실정에 맞지 않아 일본어학교에는 사용이 어려움'이라고 단정하여 변경을 요구하는 경우도 있었다.

이와 같이 1990년대 이후 조사에서 국어교과서 문제가 제기되어왔다. 그리고 이러한 제언을 수용한 새로운 교과서 『니지』가 만들어졌지만 별로 사용되지 못했다.

다음은 국어교과서의 심정면을 살펴보면, 일계인 사회에 있어서 아이들이 자신들 스스로의 의사로 일본어학교의 통학을 선택하는 일은 거의 없다. 그렇기 때문에 일본어교육의 분석에 있어서 부모가 "왜 아이들을 일본어학교에 통학하게 하는가?"라는 시점은 중요하다. 위의 이유 2번의 '보호자의 안심감과 만족감'이 왜 국어교과서 사용의 이유로서 생각하는지 고려해볼 필요가 있다.

일계인 부모들은 파라과이의 교육을 우려하여 '도덕교육은 수행하지 않고 정보 지도가 없다.' '아이들의 인간형성에 큰 결함이 있고 상식을 익히지 못하고 세계의 문화국가인 일본인을 자랑스럽게 여기지도 않고 결국 파라과이나 피온과 같은 정도의 두뇌를 갖는 것'이 되는 것은 곤란하기 때문에 일본어학교의 필요성을 강조했다. 그 결과 1990년 전후 파라과이의 일본어 교육환경은 일본어학교가 어학교육의 장이 아니라 일본어 학습을 통해 일본문화를 배우고 인격형성의 장이 되었다. 아이들은 학령기에 달하면 일본어학교에 통학하는 것이 당연한 풍조였다.[45] 인격을 형성하기 위해서라도 일본문화는 필요하고 일본어를 학습하는 것이 인격을 형성하는 길이라고 학부모를 포함한 일계인 사회 전체가 그렇게 인식하고 있었다.

2000년 일본어학교 재적아동의 보호자를 대상으로 이루어진 조사에서는 "어떤 생각이 일본어를 공부시키게 하였는가?"라는 질문에 대해 "장래 스페인어와 일본어를 말하게 하고 싶다"(32.4%), "일계인으로서 배워야 한다"(32.1%), "일본의 문화나 습관 등을 배우게 하고 싶다"(24.3%)였다. 특히 일계인 학교에 희망하는 것으로는 "예절교육을 제대로 했으면 좋겠다"(18.4%), "가르치는 법을 궁리해서 열심히 가르치길 바란다"(15.1%), "일본어만이 아닌 일본문화와 관련 교과도 가르치길 원한다"(12.8%)라는 대답이 상위를 차지했다.[46] 부모의 일본어학교 통학 목적은 학교에 요망하는 두 가지로 언어기능의 습득과 함

45 内海寛治『パラグアイの日本語教育』1989年、p.12.

46 国際協力事業団『2001年度学校要項全パラグアイ日本語学校収録』2001年、pp.94-96.

께 일본문화와 관습의 습득에 있었다. 일본인 이민자들이 학교 건립을 주장했던 50년대부터 일본어학교에 대한 일계인 부모의 생각은 '언어교육의 장' 이라기보다도 '인간형성의 장'으로 인격을 형성하기 위해 일본어를 배운다는 인식이 강하여 일본어학교는 파라과이 일계인에게 있어서 매우 중요한 곳이 되었다.

4. 해외일계인의 민족교육정책과 정체성

이 장에서는 해외거주 일계인을 중심으로 초국가성(모국 일본과의 연계성)과 다중정체성의 특징을 기술하였다. 특히 미국지역, 남미 브라질이나 파라과이 지역에 거주하는 일계인에 대한 일본정부의 민족교육정책과 이를 통한 정체성 형성과정을 다루었다. 해외거주 일계인들은 북미가 재외방인 전체의 약 37%를 차지하여 1985년 이후 계속해서 가장 높은 순위를 유지하고 있다. 다음으로 '아시아'가 약 29%, '서유럽'이 약 16%(21만 3.202명)의 순으로 높게 나타났다. 이들 세 지역이 재외방인 전체의 약 80% 이상을 차지하고 있다. 국가별로는 '미국'이 재외방인 전체의 약 32%(42만1, 665명), '중국'이 약 10%(12만 8, 111명)정도 체류하고 있는 것으로 나타났다.

재미일계인들은 이민 1세대의 경우 학업이 목적이 아니라 이민을 목적으로 한 도미였기 때문에 미국의 학교 교육보다는 그들에게 필요한 영어, 사회도덕이나 생활 습관 등으로 대부분 듣고 배우거나 미국에서 학업을 마친 일본인 선배나 교회목사 등 일본식 사숙이나 교회 내 테라코야(寺子屋)교육에 의한 것이었다. 재미일계인의 교육사업으로 가장 큰 것은 유일하게 존재했던 일본어학원 경영이었다. 일본어교육에 관련해서는 일본정부나 미국정부로부터의 지원이 거의 없었고 현지 일본인 유지에 의존한 일본어학원을 운영하거나 개인의 비영리사업으로 학교를 경영하는 경우가 대부분이었다. 일본인 교회나 회관은 일계인사회의 중심이 되었고 일본어 학원은 일본어를 가르치는 학문의 장이 됨과 동시에 재미일계인의 문화적 중심 역할을 담당했다.

일계인브라질은 1958년 당시 일계인 수 약43만 명 중 약 75.7%가 상파울루 주, 약18.1%가 파라나 주, 나머지는 브라질 전역에 산재하고 있는 것으로 나타났다. 유럽인은 식민지를 만들면 그곳에 먼저 교회를 짓고, 일본인들은 먼저 학교를 짓는다는 말이 있다. 브라질 '일본어학교'는 전후 등장한 학교가 대부분으로 전전에 존재했던 학교는 제2차세계대전 중 폐쇄되었다. 전전의 일본어교육은 이민의 식민지 집중을 계기로 일본귀국을 준비하는 교육의 장으로 시작되었다. 제2차세계대전이 가까워질 무렵, 브라질의 내셔널리즘이 고조되어 1938년에는 '일본인학교'도 폐쇄되었다. 제2차세계대전에 돌입하면서 브라질은 일본을 적국으로 간주하고 일본어서적이나 인쇄물 배포금지, 방어신문(邦語新聞: 일본어신문) 폐간, 일본이민자들의 집회금지, 공공장소에서 일본어사용금지, 통과허가증이 없는 여행금지 등으로 단속대상이 되었다. 전후 일본의 실상이 일계브라질사회에 알려지면서 전재(戰災)에 매우 황폐해진 일본에 대한 지원조차 힘들었고 일본으로의 귀국은 도저히 생각할 여력이 없었다. 때문에 이민자녀들에 대한 일본어 교육의 생각도 많이 변해갔다. 브라질 사회의 적응과 성공이 제일의 목표가 되었고 브라질 학교를 제일로 하는 일본어교육 불용론(不用論)이 등장하였다. 전후 재개되었던 학교는 이미 '일본인학교'가 아니라 일본어를 가르치는 '일어학교'가 대부분이었다. 전후 일본어 교육의 변천과정은 1946년부터 1950년까지 공백기, 1950년대 전반부터 1960년대 전반까지 재개기, 1960년대 후반부터 1970년대 후반까지 계몽기, 그리고 1980년대 이후로 나눌 수 있다. 브라질에서 일본어 교육을 수행하는 학교는 1980년대 후반부터 증가하였다. 일본어교육을 수행하는 사립학교가 압도적으로 상파울로 주와 파라나 주에 집중되어 있는 것은 양주의 외국어 교육정책과 관련되어 있다. 브라질 공립학교체계로부터 일본어가 제2외국어의 하나로 포함되어 있는 것은 상파울로 주(CEL), 파라나 주 (CELEM), 산타카타리나 주(CELE)의 각 교육 프로그램 및 리오구란데도노루테 연방기술 센터의 경우이다. 상파울로 주에서는 CEL이라고 부르는 제2외국어 선택 강좌가 1987년에 도입되었다. CEL은 외국어표현의 새로운 기회의 제공, 학교 커리큘럼의 충실화와 현대 이문화 이해를 목적으로 1987년 8월 19일 주정부령 제27270호에 의해서 설립되었다. CELEM (Centro de Linguas Estrangeiras Modernas)은 현대외국어학교 센터의 약자로 파라나 주 교육국에 의해 설립된 과외수업 형태의 학교이다.

사진 3.11 일계인 커뮤니티 활동(스포츠, 종교, 단체 활동 등)

일본은 파라과이와 1919년 통상조약을 맺고, 이민 송출국으로서 검토에 들어갔다. 그러나 실제로 이민송출이 실행된 것은 미국의 1924년 '배일이민법'이나 브라질의 1934년 '이민이분제한법' 등에 의한 이민송출자 수의 감소를 경험한 후인 1936년 때부터이다. 그리고 전후 1954년 해외협회연합회(해협련), 1955년 일본 해외이주진흥회사(이주진흥)와 같은 정부기관을 설립해 이민송출이 본격화되었다. 1959년에는 일본·파라과이 간 '이주협정'으로 30년간에 걸쳐 85,000명을 송출하였다. 일본정부의 전전 해외민족교육은 문부성으로부터 교원이 파견되는 경우가 많았고 국정교과서사용, 교육칙어를 기초로 한 교육을 기본방침으로 정했다. "아메리카 등의 '선진국'으로의 동화는 용인가능해도 브라질 같은 '비문명국'에의 동화는 용인하기 어렵다"라는 것도 '일본민족의 문화 저하'를 초래하는 것은 용납할 수 없기 때문에 일본정신·일본어교육의 철저가 강조되었다. 전후 이주재개 당시는 이민정책이라는 것이 따로 없었고 상대국으로의 동화나 공헌 등이 강조되고 현지 학교에 들어가는 것이 당연하다는 인식이 강했다. 전전 브라질이민이 재개 되었던 것은 1945년 브라질에 정책변화가 있었고 송출이 불확실하게 되어 그 대체지로서 파라과이 이주가 검토되었다. 1959년 이주협정조인 이전에 파라과이 이민이 모집되어 1955년 제1회 파라과이 이민이 차베스 이주지에 입식되었다. 1955년 조성된 다이쇼이주민단이 입식했던 후라무 이주지, 1958년 말에는 차베스 이주지에 117호, 후라무 이주지에 167호가 입식했다. 1960년 피라포 이주지, 1961년 이구아스 이주지가 개설되었고 이것은 전후이민이나 2세 등의 분가대책의 일환이기도 했다. 1980년대는 각 이주지의 자치회조직이 일본인 중심으로 결성되어 일본인회, 청년회활동이 활발해졌다.

파라과이 일본인의 이주 개시는 1936년으로 제2차세계대전의 발발에 의해 1941년 중반까지 약700명이 파라과이로 이주했다. 전쟁에 의한 영향으로 1942년 파라과이 정부는 일본과의 국교단절을 표명하여 이주지에서 일본어교육을 금지하였다. 1945년에는 파라과이 정부가 일본어교육을 금지했기 때문에 이후 수년간은 테라코야(寺子屋) 교육이 이루어졌다. 파라과이의 일계인의 일본어능력은 남미 일계인사회에서 수준이 높다고 평가되고 있다. 파라과이에는 다섯 지역의 일계이주지가 현재까지 잔존해 있으며 일계인에 의한 강한 결속력을 가진 커뮤니티의 존재로 인해 각 이주지에 일본어학교가 있고 일본어문화의 지향성이 높은 것으로 알려지고 있다.

일본인학교의 건립은 일본인 이주에 있어서 큰 과제의 하나였고 학교는 교육의 장으로서만이 아니라 '일본'이나 '일본문화'를 재생산하는 장소의 역할을 담당하였다. 각 학교들은 일본문화나 습관을 아이들에게 가르치는 것을 교육 목표로 삼았으며 이것은 각 학교의 '교육목표'에도 잘 나타나 있다. 일본어학교의 교육목표는 '일본문화', '일본의 뛰어난 문화', 일반적으로 일본인의 특질이라고 인식되고 있는 용어(협조성, 책임감, 근면성 등)들이 등장하는 경우가 많았다.

IV

일계인의 정착과정과 민족차별유형 사례분석

1. 일계인의 일본정착과 집거지 형성

일본인의 해외이주는 1868년 메이지 이후 본격적으로 해외로 진출하기 시작하면서 1970년대 초반까지 지속되었다. 1980년대 이후 일본 기업의 노동력 부족과 이에 따른 외국인노동자 수요의 확대로 1990년 일본입국관리법이 개정되면서 31만 명의 일계인들이 일본으로 귀환하게 되었다. 이들은 주로 노동집약적인 일본기업이 밀집되어 있는 공업지대인 군마 현 오이즈미마치(群馬県大泉町), 요코하마 시 쓰루미구(横浜市鶴見区), 시즈오카 현 하마마쓰시(静岡県浜松市), 나고야 시 오수(名古屋市大須) 등지에 거주하면서 주로 자동차 부품조립, 전자제품 조립, 악기산업, 식품공장 등에서 노동자로 종사해 왔다. 2008년 발생한 리먼쇼크 이후 경제위기와 세계적인 불황으로 약 10만 명 정도가 브라질로 재이주하였고 현재 20만 명 정도가 일본에서 생활하고 있다. 이와 같은 일계인의 이주현상들을 살펴보면 일본인의 이주패턴은 1866년 이후 미국하와이 이주-1907년 배일이민법 시행 이후 남미 브라질 이민-1990년 일계인 일본 귀환-2008년 리먼쇼크 이후 브라질 재이주의 형식으로 순환되는 특성을 보이고 있다.

남미브라질에서 일계인의 귀환은 1990년대 초기 브라질 경제의 불황과 경제적인 격차에 따른 데카세기(돈 벌이: 노동이주) 목적으로 시작되었다. 그러나 2008년 경제위기를 전후로 일본에서 생활하는 일계인들에게 많은 변화를 초래하였다. 일계인들은 경제위기 이전까지만 해도 대개 3D산업분야의 부품조립공장 노동자로 생활을 유지해왔지만 경제위기 이후 일본기업의 선별과정(일본어 능력과 노동능력)을 거쳐 어쩔 수 없이 노동력의 구조조정에 편입되기 시작했다. 이에 따라 일계인 사회에서 일본어와 취업문제가 일본생활 적응과 정착에 있어 가장 중요한 문제로 부상하게 되었다. 이와 더불어 일본에서 생활하고 있는 일계인 자녀들의 일본어문제, 학업성취와 학교생활적응, 취업문제 등도 가장 큰 문제로 대두되었다. 그 이유는 일계인 학부모의 취업분야에 따른 장시간의 노동, 자녀들의 일본어 능력과 학업능력의 부족, 그리고 데카세기 목적에 따른 학업동기와 성취부족 등이 제기되었기 때문이다.

이 장에서는 일본정부의 외국인 정책의 근간을 이루고 있는 동화정책(assimilation)과 이민수용정책(reception)이 나고야시 오수(名古屋市大須)지역에 거주하는 일계인을 대상으로 일계인의 일본이주와 정착과정에서 그들이 일본사회에서 느끼는 차별배제의식의 정도와 차별유형을 고찰하고자 한다. 일본사회에서 일계인의 차별배제 사례는 일본기업이나 일본정부의 일본어 강요와 교육문제에서도 여실히 드러나고 있다. 따라서 이 장에서는 현재 일본에서 일계인에 대한 차별배제의식의 실태를 살펴보고 시사점을 제공하는 데 역점을 두었다. 연구의 결과는 다문화사회 한국에도 많은 시사점을 제공해 줄 것으로 생각된다.

사진 4.1 일계인 이민세대 계승

먼저 브라질에서 일계인들이 어떻게 일본으로 귀환하게 되었으며 현재 그들이 일본사회에서 직면한 문제점들은 무엇인지에 대하여 기존 선행연구를 통하여 구체적으로 살펴보고자 한다. 일본에서 생활하는 일계인들은 1990년대 이후 급격히 증가하여 2007년 말에는 약 31만 6,000명에 육박하였다. 그 배경에는 일본경기의 장기불황과 단순 노동력의 절대부족에 따라 일본기업들이 저임금노동력의 확보가 절실해졌으며 이에 대한 노동력의 해결 수단으로 일계인들이 등장하게 되었다. 왜냐하면 일본기업들이 일계인노동자를 일본어와 일본문화를 이해하고 일본인보다 절대적인 저임금노동력으로 생각하여 그들을 적극 수용하는 정책을 전개했기 때문이다. 이렇게 하여 대규모로 도일하기 시작한 일계인 대부분은 임시계약의 형태로 제조업현장에 취업하게 되었으며 일본사회의 불안정한 경제적 지위에 놓이게 되었다. 그리고 2008년 글로벌 경제위기인 리먼쇼크를 계기로 일계인들은 일본기업에서 '파견단절'의 대상이 되어 실업상태에 빠지게 되었다.

일계인과 관련하여 국내 연구를 살펴보면 다소 부진하기는 하지만 임영언(2011:345-367; 2014:335-358), 임채완 외(2013:25-28)의 연구가 있다. 이들의 일계인 연구는 아직 초보단계이기는 하지만 초기 일본인의 해외이민과 브라질로부터 귀환 일계인을 중심으로 다루고 있다. 일본에서의 일계인 연구는 상당한 성과를 거두어 왔다. 특히 일본인과 일본사회의 일계인 차별의식에 대한 하마다(濱田, 2008:110)의 연구는 일계인 집거지역의 하나인 군마 현 오이즈미마치(群馬県大泉町)를 사례로 1999년과 2005년 두 차례에 걸쳐 일계인을 대상으로 설문조사와 면접조사를 실시하였다. 연구결과, 조사지역에서 외국적 주민에 대한 차별배제의식이 강화되고 있으며 '일계인 문제'가 광범위한 사회문제로서 인식되고 있다는 점을 밝혔다. 이와 관련하여 고바야시(小林真生 2013:166-169)는 남미출신 외국인에 대한 배외(배제)의식의 강도와 외국인 증가에 따른 악영향을 우려하는 의식과의 관련성을 조사한 결과, 남미인에 대한 일본인의 배제의식은 '치안악화와 질서의 혼란.', '일본문화의 상실', '일본인의 활동범위 약탈'에 의해 규정된다는 결론을 도출하였다.[1] 결론적으로 외국인노동자의 일본정부에 대한 정치적 불신감이 치안과 질서의 악화에 대한 우려로 발전하면서 일본인들이 일본의 정치사회적 구조적인 문제에 대한 관심을 갖기보다는 배제의식만을 강화시키고 있다고 주장하였다.

---

1 이 연구결과에 의하면 일계인뿐만이 아니고 중국인, 한국인에 대한 배외의식도 '치안과 질서의 악화'을 우려하는 유사한 경향이 있다고 보고하고 있다. 특히 이 연구에서는 일본사회에서 일계인들에 의해 발생되는 문제로서 치안악화, 쓰레기 처리문제, 소음공해 등으로 나타났음.

일본사회의 일계인 차별 원인에 대한 히구치(樋口 2010:122, 2011:55)의 연구에 따르면 일계인의 저임금노동력의 수용, 2008년 리먼쇼크 이후 일계인의 대량실업(일계인 인구의 30~40% 실업상태에 빠짐), 이에 따른 일본사회의 일계인노동자에 대한 차별배제의 강화 등으로 일계인 사회를 진단하였다.[2] 당시 일본정부는 일계인의 대량실업이 현실화되자 '일계인실업자에 대한 귀국지원사업'을 실시하여 일계인 실업자 및 부양가족의 귀국여비를 지급하였다. 이 제도를 활용한 일계인에 대하여 일본정부는 '당분간 같은 신분으로 체류자격을 획득하여 재입국을 인정하지 않는다'라는 조건을 붙였다. 즉 일본기업의 고용과 경제정세가 개선될 때까지 약 3년간 일계인노동자의 재입국을 인정하지 않겠다는 일본정부의 방침을 그대로 반영한 결과였다. 결국 그의 연구결과는 2008년 글로벌 금융위기 이후 일계인에 대한 차별배제의식이 더욱 강화되었다고 주장하고 있다.

또한 야스다(安田 2012:4)의 연구에서도 '재특회(재일특권을 허락하지 않는 시민회)'에 대한 연구에서 외국인 증가에 따라 일본사회로부터 소외(사회적 배제)를 느끼고 있는 사람들이 타자로부터 인정을 받기 위해 배외주의 운동에 참여하게 되었다고 주장하였다. 이에 대하여 히구치(樋口, 2012:15)는 이러한 배외주의 운동이 결국 일본 보수주의와 우익세력을 결집시키는 온상이 되었다고 지적하였다.[3]

이상의 기존연구를 포함하여 본 연구에서는 '사회적 차별(배제)'이란 어느 일정 사회적 공간에서 사회적 관계로부터의 차별에 따른 현지사회의 각종

---

2 2008년 일계인의 대량실업을 계기로 일본후생노동성은 2009년 4월부터 일계인의 브라질 귀국을 지원하는 '일계인실업자에 대한 귀국지원사업'을 실시하였음. 귀국 여비는 본인 1인당 30만 엔, 부양가족 1인당 20만 엔 지급하였으며 일본에서 귀국지원사업에 의한 일계인 귀국자수 총수는 21,675(브라질 20,053, 페루 903명, 기타 719명) 명이었다. 일본 내 일계인의 귀국자수가 많은 현은 아이치 현(5,805명), 시즈오카 현(4,641명) 등이었다. 이에 대한 좀 더 자세한 내용은 별도의 연구에서 다룰 필요가 있음.

3 일본사회의 재일코리안에 대한 배외주의적인 운동에 대해서는 김웅기(2014: 418-432)의 논문 「혐한(嫌韓)과 재일코리안 -재특회(在特会)의 논리에 내포된 폭력성을 중심으로-」를 참조하기 바람.

자원으로부터 배제된다는 점에 초점을 두고 한 개인이나 집단의 지역공동체 자원과의 관계로 정의하였다. 반(Byrne, 1999:110)이 지적한 바와 같이 사회적 차별배제는 이 연구가 지금부터 다루고자 하는 일계인 집단의 일본사회로부터의 차별에 따른 사회적 배제의 일종으로 나타나는 정보단절 문제나 사회 주변부로의 전락(게토)과 같은 공간적인 특징과도 연관되어 있다.[4]

이 연구에서는 이상과 같은 일본사회의 외국인노동자 배제의식에 대한 연구결과를 토대로 현재 일계인들이 그들의 거주지역에서 어떠한 차별(배제) 의식을 느끼고 있는지, 그리고 정보단절에 따라 구체적인 차별배제의식이 어떻게 나타나고 있는지 등 다문화 사회 한국사회에 주는 함의와 시사점은 무엇인가에 대하여 살펴보고자 한다.

2. 일계인 집거지의 연구방법 및 특성

1) 연구방법 및 절차

이 연구는 2014년 2월에 10일간에 걸쳐 일본현지에서 실시한 인터뷰조사 자료와 설문조사를 통해 수집된 자료를 분석에 활용하였다. 자료수집방법은 일계인들이 많이 집거하고 있는 요코하마시 쓰루미구(横浜市鶴見区), 시즈오카 현 하마마쓰시(静岡県浜松市), 나고야시 오수(名古屋市大須)지역에 현지방문조사를 통해 일계인들을 대상으로 각종 문헌자료수집, 현지 참여관찰 및

4 반(Byrne, 1999: 110)은 공간적 배제는 가장 가시적이고 명백한 차별배제의 형태로 그 예로서 게토를 들었다. 또한 주택뿐만 아니라 거주지에 따라 사람들이 이용할 수 있는 사회적 자원에 차별이 발생하여 이러한 문제를 안고 있는 사람들의 생애에 영향을 준다고 하였다. 특히 소수민족들에게 학교나 병원 등 거주국 공공시설의 공공자원이 가지는 자원의 중요성을 지적하였음. 이 연구에서는 일계인의 저학력 임금노동자 유입, 일본어 능력부족, 학교로부터 격리 등의 형태를 지적할 수 있음.

인터뷰조사, 설문조사를 실시하였다. 특히 일계인 집중 거주지역 중에서도 나고야시 오수(名古屋市大須)지역을 중심으로 거주하는 일계인을 대상으로 이주정착과정에서 차별배제문제에 초점을 두고 설문조사를 실시하였다. 나고야시를 연구거점지역을 선택한 이유는 나고야(名古屋)에는 대규모 도요타자동차 공장지대가 들어서 있고 부품조립공장에 일계인들이 취업을 하고 있어 일계인 단지가 오수지역에 들어서 있다. 일계인 단지가 들어서면서 단지주변에 일계인 교회와 상점, 브라질 일계인 학교까지 들어서 있기 때문에 일계인의 대표적인 집거지역의 하나라고 할 수 있다.

연구절차와 분석방법은 수집된 인터뷰조사와 설문조사를 바탕으로 빈도분석, 평균의 차이, 요인분석, 회귀분석을 실시하였고 인터뷰조사 자료에 근거한 사례분석(Grounded Theory)을 통하여 일계인의 차별배제의식과 유형을 규명하는데 역점을 두었다. 그리고 마지막으로 면접조사를 통해 확보된 자료를 바탕으로 일본사회의 일계인 차별에 대한 유형화를 시도하였다.

2) 일계인의 거주현황과 지역적 특성

먼저 일계인의 거주현황과 지역적 특성에 대하여 살펴보도록 하자. 다음 〈표 4.1〉은 일계인의 일본 전국지역의 거주실태를 나타낸 것이다. 일계인들이 제조업 분야의 외국인노동자로 도일한 경우가 많았기 때문에 그들의 거주지역이나 경제적 지위변화는 아직까지 발생하지 않고 있다. 일계인들은 지역별로 시즈오카 현 하마마쓰시(静岡県浜松市), 아이치 현 도요하시시(愛知県豊橋市), 미에현(三重県), 기후 현(岐阜県)에 집중되어있지만 그중에서 가장 집중도가 높은 곳은 군마 현 오이즈미마치(群馬県大泉町, 산요전기), 아이치 현 도요하시시(愛知県豊橋市, 도요타공장), 시즈오카 현 하마마쓰시(静岡県浜松市, 악기산업)이다. 표에 나타난 바와 같이 외국인 집중거주지역에 일계인들이 집중되어 있지 않다는 점에 유의할 필요가 있다. 일계인의 집거지의 특성은 일계인의 노동력 수요지역과 산업의 특성에 따라 집거지역이 규정되고 있다는 점을 염두해 둘 필요가 있다.

다음은 일계인들이 집거하고 있는 지역을 중심으로 지역적 특성을 살펴

표 4.1 일계인의 일본 전국 구성 비율(2011년 기준)[5]

지역	일계인(전체 외국인 총인구) 비율	지역	일계인(전체외국인 총인구)비율
홋카이도	0.1(4.3)	시가	4.1(1.1)
아오모리	0.0(1.1)	교토	0.2(2.1)
이와테	0.0(1.0)	오사카	1.4(6.9)
미야기	0.1(1.8)	효고	1.4(4.4)
아키다	0.0(0.8)	나라	0.2(1.1)
야마가타	0.1(0.9)	와카야마	0.0(0.8)
후쿠시마	0.1(1.6)	도토리	0.0(0.5)
이바라키	3.5(2.3)	시마네	0.5(0.6)
군마	2.7(1.6)	오카야마	0.6(1.5)
사이타마	4.3(5.6)	히로시마	1.4(2.2)
치바	2.0(4.9)	야마구치	0.1(1.1)
도쿄	1.7(10.3)	도쿠시마	0.0(0.6)
카나가와	4.8(7.1)	카가와	0.1(0.8)
니가타	0.2(1.9)	에히메	0.1(1.1)
도야마	1.3(0.9)	고치	0.0(0.6)
이시카와	0.6(0.9)	후쿠오카	0.1(4.0)
후쿠이	1.2(0.6)	사가	0.0(0.7)
야마나시	1.6(0.7)	나가사키	0.0(1.1)
나가노	3.6(1.7)	구마모토	0.0(1.4)
기후	6.3(1.6)	오이타	0.0(0.9)
시즈오카	16.0(2.9)	미야자키	0.0(0.9)
아이치	25.9(5.8)	가고시마	0.0(1.3)
미에	7.1(1.4)	오키나와	0.1(1.1)
합계	100%	합계	100%

5 이 표는 小林真生(2013), pp.166-169.『レイシズムと外国人嫌悪』을 참고로 하여 필자가 작성하였음.

보면 다음과 같다. 군마 현 오이즈미마치(群馬県大泉町)는 자동차산업과 전기산업 등의 제조업이 집중된 지역으로 인구대비 제2차산업종사자의 비율이 50%를 초과한 곳이다. 또한 2011년 12월 기준으로 외국적 비율이 15.3%로 외국인 집주도시회의의 회원도시 중에서도 외국인비율이 가장 높은 지역이었다. 오이즈미마치(大泉町)는 지역 중소기업이 중심이 되어 1989년 이후 '동모지구고용안정촉진협의회'를 설립하여 일계인노동자의 수용을 적극적으로 추진해온 지역적인 역사를 가지고 있다. 본 협의회에서는 당시 오이즈미마치 책임자가 상담역으로서 오이즈미마치(大泉町)로부터 보조금을 교부받고 행정과 기업경영자가 일체가 되어 일계인노동자를 수용한 지역이다.

시즈오카 현 하마마쓰시(静岡県浜松市)는 제조업이 대표적인 산업으로 다른 지역과 공통된 특징을 가지고 있다. 제2차산업종사자의 비율은 37.0%로 전국 평균보다 다소 높은 것으로 나타났다. 이에 따라 하마마쓰시(浜松市)에서는 1992년에 하마마쓰시 국제교류센터를 설립하여 외국인상담창구, 일본어교실 등의 업무를 개시했다. 또한 2000년 하마마쓰시(浜松市) 시민회의와 2001년 지역공생회의 등의 제도를 정비하고 2001년에는 하마마쓰시(浜松市)의 요청으로 '외국인집주도시회의'를 개최하였다.

아이치 현 나고야(愛知県名古屋) 인근지역에 위치하고 있는 도요하시시(豊橋市)는 제2차산업종사자의 비율이 35.1%로 일본 전국평균 26.1%보다 높은 지역이지만 제1차산업종사자의 비율이 여전히 높은 지역 중의 하나이다. 이 지역에 거주하는 일계인 대부분은 시내 동부의 공영주택(日系人9番団地) 등에 집거하고 있으며 현의 경계지역을 넘나들며 제조업공장에 취업하는 경우가 많은 것으로 나타났다. 즉 시즈오카 현 하마마쓰시 등 인근지역으로부터 나고야시나 도요하시시 지역으로의 통근자가 많기 때문에 일계인의 거주가 일본인들에게 표면적으로는 보이지 않는 존재로 인식되고 있지만 일계인들이 느끼는 차별의식은 여전한 것으로 나타났다(梶田孝通·丹野清人·樋口直人 2005:17-21).[6]

3. 일계인 차별의식의 평균차이분석 및 유형화

1) 인구통계학적 특성과 차별배제 문항의 빈도분석

먼저 설문조사결과에 따른 일계인의 인구통계학적 특성을 살펴보면 다음 〈표 4.2〉에 제시한 바와 같다. 전체적으로 성별로는 여성이 65%로 남성 35%보다 높게 나타났다. 연령대별로는 30-40대가 높았고 교육수준은 대학교 졸업이 11.1% 정도였으며 대부분이 중고등학교 졸업이후 취업한 자들이 많았다. 이러한 결과는 저학력 일계브라질인들이 많이 도일하였으며 제조업분야의 젊은 공장노동자들로 구성되어 있다는 점을 추정할 수 있다. 국적별 특징으로는 브라질 국적자가 98%, 세대적으로 일계인 3세와 1.5세가 많았다. 이 결과는 브라질 태생 일계인 3세들이 데카세기(돈벌이)을 위해 도일하는 경우가 많다는 것을 의미하며 일계인 1.5세의 경우는 1990년 전후 도일한 이후 일본 태생의 일계인들을 지칭한다.

일계인의 직업적 특징은 제조업과 서비스업에 종사하는 비율이 높은 것으로 나타났으며 체류자격은 영주자와 정주자가 97%를 차지하였다. 이것은 일계인들이 1990년 일본입국관리법 개정으로 대부분이 도일 시 일계인이라는 특별 혜택을 받고 입국하여 거주해 온 것으로 추측할 수 있다. 일계인 노동자의 연수입은 400만 엔 이하가 전체 비율에서 74%를 차지하였으며 종교는 44%가 가톨릭이라고 응답했다. 즉 일계인들은 데카세기(돈벌이) 노동자가 많고 종교는 브라질에서의 같은 가톨릭이라고 응답했지만 현지조사결과에서는 대부분 개신교회에 다니는 비율이 높은 것으로 나타났다.

---

6 梶田孝通·丹野清人·樋口直人(2005), pp.17-21. 일계인들은 단지생활이나 공장노동자로 생활하기 때문에 일본에서는 보이지 않는 존재로 알려지고 있지만, 실제로는 일본사회로부터 소외 또는 배제되어 있다는 조사결과가 있음.

표 4.2 조사대상자의 인구학적 특성 (N=100)

질문항목		빈도(%)	질문항목		빈도(%)
성별	남성	35(35.0)	직업	전문 관리직	3 (3.0)
	여성	65(65.0)		일반전문직	7 (7.0)
연령	10대 이하	8 (8.0)		사무직	6 (6.0)
	20대	11(11.0)		판매직(도소매)	8 (8.0)
	30대	37(37.0)		서비스직(세탁소 등)	16(16.0)
	40대	24(24.0)		생산직(제조업 등)	51(51.0)
	50대	14(14.0)		가정부주부	5 (5.0)
	60대 이상	6 (6.0)		기타	4 (4.0)
교육 수준	초등졸업	7 (7.1)	체류 자격	국적취득자	2 (2.0)
	중학교 졸업	57(57.6)		영주자[7]	41(41.4)
	고등학교 졸업	18(18.2)		정주자[8]	55(55.6)
	전문대졸업	2 (2.0)		기타	1 (1.0)
	대학졸업	11(11.1)	연수입	200만엔 이하	19(19.0)
	기타	4 (4.0)		200~400만엔	55(55.0)
국적	브라질	98(98.0)		400~600만엔	21(21.0)
	기타	2 (2.0)		600~800만엔	3 (3.0)
세대	1.5세	25(25.0)		800만엔~1,00만엔	2 (2.0)
	2세	19(19.0)	종교	개신교	4 (4.0)
	3세	44(44.0)		가톨릭	44(44.0)
	기타	12(12.0)		불교	28(28.0)
				기타	24(24.0)

다음은 이번 설문조사에 근거하여 일계인의 차별배제 항목에 대한 빈도 분석 결과를 살펴보도록 하자. 다음 〈표 4.3〉은 일계인의 차별배제에 대한

7 '특별 영주자'란 일본과의 평화조약에 의해 일본 국적을 이탈한 자의 출입국관리에 관한 특례법(1991년 11월 1일 시행)에 의해 정해진 체류자격으로 1952년 4월 28일 발효된 샌프란시스코 강화조약에 의해 일본 국적을 이탈한 재일코리안 및 재일대만인, 이들 자손들을 대상으로 하고 있음.

8 일계인의 '정주자' 자격은 통상 '활동에 따른' 체류자격이 아니라 '신분에 따른' 체류자격으로 체류기간 중의 활동에 특별한 제한은 없음. 이에 따라 일계인들이 직종의 제한을 받지 않고 자유롭게 취업할 수 있었으며 이 비자를 가지고 많은 일계인들이 제조업 현장에서 노동에 종사할 수 있게 되었음.

빈도분석결과를 나타내고 있다. 분석결과를 보면 "1. 일계인이라는 이유로 나를 무시하는 말이나 심한 표현을 들은 적이 있다. 9. 일계인이라는 이유로 의사결정과정에서 내 의견이 무시되거나 배제되었다. 11. 일계인이라는 이유로 같은 외국인의 재일코리안에게 무시당한 적이 있다."의 항목에서 "전혀 그렇지 않다"라고 부정적으로 응답한 비율이 70%이상으로 가장 높게 나타났다. 이러한 결과는 일본인들이 일계인에 대해 직접적으로 차별적인 언어나 행동을 표현하지는 않지만 차별배제의 느낌을 받고 있다는 것이고 이에 대해 특히 일본사회에서 같은 외국인으로서 재일외국인과의 연대에 높은 관심을 보여주고 있었다.

표 4.3 일계인의 차별배제에 대한 빈도분석 (괄호 안: %)

질문항목	전혀 그렇지 않다	그렇지 않다	가끔 그렇다	자주 그렇다	항상 그렇다	합계
민족차별1	74(74.0)	13(13.0)	13(13.0)	0 (0.0)	0 (0.0)	100
민족차별2	60(60.0)	33(33.0)	7 (7.0)	0 (0.0)	0 (0.0)	100
민족차별3	53(53.0)	16(16.0)	29(29.0)	2 (2.0)	0 (0.0)	100
민족차별4	46(46.0)	13(13.0)	19(19.0)	20(20.0)	2 (2.0)	100
민족차별5	66(66.0)	8 (8.0)	7 (7.0)	4 (4.0)	15(15.0)	100
민족차별6	64(64.0)	9 (9.0)	6 (6.0)	19(19.0)	2 (2.0)	100
민족차별7	54(54.0)	15(15.0)	27(27.0)	3 (3.1)	1 (1.0)	100
민족차별8	65(65.0)	28(28.0)	4 (4.0)	3 (3.0)	0 (0.0)	100
민족차별9	80(80.0)	12(12.0)	4 (4.0)	2 (2.0)	2 (2.0)	100
민족차별10	59(59.0)	29(29.0)	8 (8.0)	2 (2.0)	2 (2.0)	100
민족차별11	73(73.0)	6 (6.0)	17(17.0)	4 (4.0)	0 (0.0)	100
민족차별12	49(49.0)	8 (8.0)	25(25.0)	17(17.0)	1 (1.0)	100
민족차별13	53(53.0)	12(12.0)	17(17.0)	1 (1.0)	17(17.0)	100
민족차별14	58(58.0)	14(14.0)	10(10.0)	16(16.0)	2 (2.0)	100
민족차별15	48(48.0)	14(14.0)	24(24.0)	3 (3.0)	11(11.0)	100
민족차별16	59(59.0)	20(20.0)	10(10.0)	10(10.0)	1 (1.0)	100
민족차별17	58(58.0)	12(12.0)	26(26.0)	2 (2.0)	2 (2.0)	100

이와는 반대로 일계인의 차별배제에 대한 항목에서 다른 항목과 비교하여 긍정적인 응답 비율이 높은 항목은 "5. 내가 일계인이기 때문에 아플 때 의사나 주변사람이 대수롭지 않게 생각한 적이 있다. 6. 일계인이라는 이유로 다른 사람이 내가 하는 말이나 행동을 믿지 못한 적이 있다. 12. 일계인이 할 수 있는 마땅한 일자리를 찾기가 어렵다. 13. 일계인은 개인의 능력에

표 4.4 일계인의 차별배제에 관한 평균과 표준편차

질문항목	평균	표준편차	분석수
1. 일계인이라는 이유로 나를 무시하는 말이나 심한 표현을 들은 적이 있다.	1.39	.709	100
2. 일계인을 비하하는 단어를 들은 적이 있다.	1.47	.627	100
3. 나의 외모나 언어에 대해 사람들이 거부감을 갖거나 싫어하는 느낌을 받은 적이 있다.	1.80	.932	100
4. 내가 일계인이기 때문에 잘 말하지도, 잘 듣지도 못하는 식의 대우를 받은 적이 있다.	2.19	1.269	100
5. 내가 일계인이기 때문에 아플 때 의사나 주변사람이 대수롭지 않게 생각한 적이 있다.	1.94	1.503	100
6. 일계인이라는 이유로 다른 사람이 내가 하는 말이나 행동을 믿지 못한 적이 있다.	1.86	1.279	100
7. 일계인이라는 이유로 내가 궁금해 하는 것을 모른 척하거나, '몰라도 된다.'며 대답해주지 않은 적이 있다.	1.82	.999	100
8. 내가 할 수 있는 일인데도 일계인이라는 이유로 제대로 하지 못할 것으로 여겨 부탁내지 요청받지 못한 적이 있다.	1.45	.716	100
9. 일계인이라는 이유로 의사결정과정에서 내 의견이 무시되거나 배제되었다.	1.34	.819	100
10. 일계인이라는 이유로 내가 식당, 커피숍, 편의점 등에 들어가면 주인이 무관심하거나 불편해 한 적이 있다.	1.59	.877	100
11. 일계인이라는 이유로 같은 재일코리안에게 무시당한 적이 있다.	1.52	.915	100
12. 일계인이 할 수 있는 마땅한 일자리를 찾기가 어렵다.	2.13	1.228	100
13. 일계인은 능력에 상관없이 적절한 대우를 받지 못한다.	2.17	1.505	100
14. 일계인들이 즐길만한 문화, 여가시설이나 프로그램이 부족하다.	1.90	1.227	100
15. 일계인들이 필요로 하는 정보를 쉽게 얻을 수 없거나 이해하기 어렵다.	2.15	1.351	100
16. 귀하가 사는 지역에서 일계인에 대한 차별을 느낀 적이 있다.	1.74	1.060	100
17. 일상생활에서 문화, 예절의 차이로 차별을 경험한 적이 있다.	1.78	1.031	100

상관없이 적절한 대우를 받지 못한다" 등이었다. 결과를 보면 일본인이나 일본사회에서 일계인들에 대한 개인적인 의견무시, 일자리와 능력 대우에 불만 등에 대해 특히 일계인들이 많은 차별을 느끼고 있는 것으로 나타났다.

위의 〈표 4.4〉는 일계인의 차별과 배제에 대한 질문항목의 평균을 살펴본 결과를 나타내고 있다. 평균값이 높은 항목들을 살펴보면 "4. 내가 일계인이기 때문에 잘 말하지도, 잘 듣지도 못하는 식의 대우를 받은 적이 있다. 12. 일계인이 할 수 있는 마땅한 일자리를 찾기가 어렵다. 13. 일계인은 능력에 상관없이 적절한 대우를 받지 못한다. 15. 일계인들이 필요로 하는 정보를 쉽게 얻을 수 없거나 이해하기 어렵다" 등이었다. 일본에서 일계인들이 느끼는 차별배제의식은 일계인들이 일본어 구사가 능숙하지 못할 것이라는 선입견, 일자리에 따른 적절한 대우 부족, 일본사회에서 정보단절 등이었다. 결국 일계인들은 일본사회에서 일본어 구사능력문제, 직업적 차별, 정보단절 등의 문제로 차별배제의식을 느끼고 있는 것으로 생각할 수 있을 것이다.

2) 일계인의 차별배제에 대한 요인분석 및 차별의 유형화

일계인에 대한 민족차별과 배제항목의 요인분석을 실시하기에 앞서 항목간의 신뢰도를 나타내는 KMO(Kaiser-Meyer-Olkin)측도와 변수들 간의 상관성을 살펴보고자 한다. KMO측도 값이 0.6이상이면 요인분석의 변수로서 적합하다는 것을 말해준다. 이 연구에서 일계인에 대한 민족차별과 배제항목에 대한 KMO와 Bartlett의 검정 결과, 표준형성 적절성의 KMO측도 값이 0.854로 유의수준 1%이하에서 유의하여 요인분석을 실시하기에 적합한 것으로 나타났다. 질문항목의 신뢰도분석에서는 Cronbach의 알파 값이 0.933으로 항목 간 신뢰도가 매우 높은 것으로 나타났다.

표 4.5 일계인의 차별배제에 관한 요인분석

차별항목	요 인			
	감정적 차별 요인1	문화정보 차별 요인2	의사결정 차별 요인3	언어 외모적 차별 요인4
민족차별1	-.109	-.046	.113	.816
민족차별2	.491	.219	.284	.476
민족차별3	.566	.419	.202	.560
민족차별4	.604	.440	.008	.256
민족차별5	.894	.388	.079	-.051
민족차별6	.882	.183	.112	-.014
민족차별7	.527	.431	.106	.236
민족차별8	.556	.063	.626	-.069
민족차별9	-.038	.016	.863	.191
민족차별10	.252	.361	.545	.318
민족차별11	.576	.558	.342	-.026
민족차별12	.518	.614	.053	.014
민족차별13	.612	.657	.143	-.107
민족차별14	.464	.628	.268	-.030
민족차별15	.085	.723	-.023	.100
민족차별16	.483	.571	.217	.167
민족차별17	.586	.419	.234	.197

주: 요인추출방법: 주축요인추출. 회전 방법: Kaiser 정규화가 있는 베리멕스. a.6반복계산에서 요인회전이 수렴되었음.

다음과 같이 주축요인 추출방법을 이용하여 고유 값이 1이상인 것들만 뽑는 방식으로 요인분석을 실시한 결과 요인은 다음과 같이 4개로 요약되었다. 그리고 이 4개의 요인분석에 대한 전체적인 분산의 설명력은 69.9%정도였다.

요인분석결과, 일계인의 차별과 배제에 대한 4개의 변수는 각각 감정적 차별, 문화 및 정보단절 차별, 의사결정의 차별, 언어와 외모적 차별 항목 등으로 명명하여 구분되었다.[9]

(1) 감정적 차별 항목

5. 내가 일계인이기 때문에 아플 때 의사나 주변사람이 대수롭지 않게 생각한 적이 있다.
6. 일계인이라는 이유로 다른 사람이 내가 하는 말이나 행동을 믿지 못한 적이 있다.

(2) 문화정보 차별 항목

13. 일계인은 능력에 상관없이 적절한 대우를 받지 못한다.
14. 일계인들이 즐길 만한 문화, 여가시설이나 프로그램이 부족하다.
15. 일계인들이 필요로 하는 정보를 쉽게 얻을 수 없거나 이해하기 어렵다.

(3) 의사결정차별 항목

8. 내가 할 수 있는 일인데도 일계인이라는 이유로 제대로 하지 못할 것으로 여겨 부탁내지 요청받지 못한 적이 있다.
9. 일계인이라는 이유로 의사결정과정에서 내 의견이 무시되거나 배제되었다.

(4) 언어 외모적 차별 항목

1. 일계인이라는 이유로 나를 무시하는 말이나 심한 표현을 들은 적이 있다.
3. 나의 외모나 언어에 대해 사람들이 거부감을 갖거나 싫어하는 느낌을 받은 적이 있다.

따라서 요인분석결과에 따르면 전체적으로 일본에서 일계인의 차별배

---

9 이 연구의 정보단절과 관련하여 재일코리안의 정보 빈곤이나 정보단절의 차별에 관한 연구는 이제환·김연옥(2005), pp.357-384. 이제환(2006), pp.33-58. 연구를 참조하기 바람.

제의 정도= a*감정적 차별 + b*문화정보 차별 + c*의사결정의 차별 + d*언어 외모적 차별에 의해 결정된다고 볼 수 있을 것이다.

표 4.6 일계인의 차별배제에 대한 선형회귀분석

	비표준화 계수		표준화 계수	t	유의확률
	B	표준오차	베타		
(상수)	.059	.047		1.237	.219
감정적 차별	.223	.017	.395	13.451	.000
문화정보 차별	.296	.019	.455	15.617	.000
의사결정 차별	.183	.025	.163	7.168	.000
언어 외모적 차별	.268	.026	.242	10.340	.000
F					549.4 (p〈0.001)
R^2					.959

주: p〈0.001에서 유의

위의 〈표 4.6〉은 일계인의 차별배제에 대한 회귀분석 결과를 나타낸 것이다. 추정된 회귀모형의 적합도에 대한 F통계량은 549.4(유의확률0.000)로서 매우 유의하고, R^2는 0.959로 설명력도 매우 높은 것으로 나타났다. 각각의 회귀계수의 t검정 결과 유의확률이 0.000으로 유의수준 5%이하에서 모두 유의한 수준이었다. 즉 회귀모형에 포함된 독립변수는 모두 민족차별평균에 영향을 주는 것으로 나타났다. 전체적의 일계인 차별배제의 영향력 정도는 문화정보 차별(0.455)〉감정적 차별(0.395)〉언어 외모적 차별(0.242)〉의사결정 차별(0.163) 순으로 높게 나타났다. 즉 일계인들이 일본인이나 일본사회에서 가장 차별받고 있다고 느끼는 항목은 문화정보항목의 정보단절인 것으로 나타났다.

4. 일본사회에서 일계인의 차별배제에 관한 사례분석

이 장에서는 일본현지 요코하마, 하마마쓰, 나고야 지역에 거주하는 일계인을 대상으로 면접조사결과에 따른 사례를 분석하고자 한다. 면접대상자는 총 6명으로 인구사회학적 특성은 다음과 〈표 4.7〉에 제시하는 바와 같다.

표 4.7 면접조사에 의한 사례분석 대상자[10]

면접대상자	연령	성별	거주지	직업
사토	60대	남성	요코하마 쓰루미	국제교류담당
하시모토	40대	남성	요코하마 쓰루미	NGO이사장
시노다	50대	남성	나고야 시	브라질학교 교장
마리아	60대	여성	나고야 시	브라질 학원 운영
니시제퍼슨	40대	여성	나고야 시	브라질 교회 목사
세르비쓰	70대	남성	하마마쓰 시	일계인 슈퍼 사장

1) 일본사회의 일계인에 대한 언어, 교육, 취업차별

전술한 바와 같이 일본에서 생활하는 일계인들은 1990년대 이후 대거 도일하기 시작하면서 한때 절정기에는 약 30만 명에 육박하였다. 그러나 2008년 세계적인 금융위기(리먼쇼크)를 전후로 일본정부의 적극적인 브라질 재이주정책의 결과 약 20만 명 정도로 감소하였다. 2008년 경제위기를 전후하여 일본에서 생활하는 일계인들은 일본어문제, 자녀교육문제, 취업문제 등에 3가지문제에 직면하게 되었다. 이들 일계인의 문제를 구체적으로 살펴보면 다음과 같다.

첫째, 일본어 문제는 일계인의 취업과 직접 관련되어 있다. 현지조사에

10 일본 현지 면접대상자는 총 6명으로 각 지역에서 일계인들을 위해 지역에서 활동하고 있는 일계인 대상으로 면접을 실시하였다. 대부분이 1990년 이후 브라질에서 일본으로 귀환한 일계인 1세들이었다.

서 일계인 집거지 지역에서 발행되고 있는 일계인 대상 취업정보지나 잡지를 보면 "일본어 40%, 30% 이상, 50% 이상"이라는 구직광고가 난무하고 있었다. 이것은 정확히 어느 정도 수준의 일본어를 요구하는 것인지 판단할 수 없지만 일본어가 일계인 취업에 상당히 중요하다는 것을 여실히 보여주고 있는 사례라고 할 수 있다.

둘째, 일본에서 태어난 일계인 1.5세~2세들의 자녀교육문제이다. 1990년대 이후 도일한 이들은 정주형태의 임시체류를 희망했지만 2008년 이후 약 10만 명 이상이 브라질로 귀국한 이후 남아있는 대부분의 일계인들을 영주를 생각하게 되었다. 일계인의 영주와 정착이 본격화됨에 따라 일계인사회는 일본어를 모르는 부모 세대와 일본에서 태어난 자란 자녀세대 간의 갈등이 사회적 문제로 대두되었다.

셋째, 일계인들은 취업문제에 있어서도 상당한 변화를 겪고 있다. 2008년 이전만 해도 일계인들은 누구나 일본어에 상관없이 공장노동자로서 일자리를 구할 수 있었지만 일본경제의 장기적인 불황의 여파로 쉽지 않게 되었다. 2008년 리먼쇼크를 전후로 20-35세 젊은 일계인들 대부분은 브라질로 귀국하는 사례가 많이 발생했지만 40세 이상의 자녀가 있는 경우는 브라질로 귀국할 수 없는 상황이 전개되었다. 이들은 일본에서 일본어 부족과 노동연령의 제한 때문에 공장노동자로서도 취업할 수 없었다. 이렇게 되자 50세 이상의 일계인들은 도시락공장 아르바이트, 사회복지 요양보호소, 호텔청소에 종사 등 55세 이상의 일계인 약 3만 명 정도가 호텔 청소업에 종사하고 있는 것으로 나타났다.

결론적으로 일본사회에서 일계인들의 취업구조에 따른 차별적 상황이 전개된 근본적인 원인은 2008년 리먼쇼크로 인한 글로벌 경제위기에서 비롯된 것으로 볼 수 있다. 이에 따라 일본기업이나 일본사회가 일계인들에게 처음 도일과는 달리 일본어능력과 젊은 노동자들을 요구하게 되었다. 그리고 일계인의 직업의 특성상 이주정착과정에서 그들은 일본어능력, 자녀교육문제, 취업문제(잦은 전업) 등 차별적 상황에 직면할 수밖에 없는 구조를 가지게 되었다.

2) 일계인의 차별배제와 이주정착 구조

일본 거주 일계인들은 1990년대 전후 이주하기 시작하여 일본에서 비교적 짧은 이민 역사로 인하여 일본어, 교육, 취업문제에 많은 어려움을 겪고 있는 것으로 나타났다. 특히 일계인들은 2008년 리먼쇼크 이후 일본에 돈벌이 노동자(デカセギ)로 도일한 경우가 많아 언어문제, 자녀교육, 이민초기 공장노동자취업에서 고령으로 인한 서비스산업(개호복지 및 도시락 산업 등)으로의 전업 등 정착과정에 많은 변화를 겪고 있는 것으로 나타났다. 일본정부가 처음 일계인들을 도입하게 된 배경에는 일본인 2-3세들의 언어와 문화적 차이의 해결이라는 두 가지 장점이 작용했다. 하지만, 일본-브라질 간의 노동 가치와 일에 대한 개념 등 문화적 차이로 상당히 큰 문화적 격차(갭)가 형성되어 있는 것으로 나타났다. 이러한 문제들은 일계인들의 일본사회 정착과정에서 큰 저해요인들로 작용하고 있었다.

현지조사결과에 의하면 일본과 브라질간의 이러한 문화적 격차의 틈새에서 일계인의 일본사회 정착과정에 가장 큰 역할을 담당하고 있는 것이 일계인 교회였다. 일계인 교회는 알선업자를 통한 브라질 현지 노동자모집-일본으로의 이주-일본사회의 정착을 위한 일본어 교육과 취업알선, 이주사회에서 느끼는 스트레스에 대한 정신적인 케어 등 제3자 협력을 통해 일계인사회와 일본사회를 연결하여 그들을 일본사회에 정착시키는 사회문화적인 틈새 역할을 담당하고 있었다(Burt, Ronald S. 2001:31-56).[11]

---

11 이 연구에서 버트는 사회문화적 틈새를 '구조적 틈새'로 명명하였다. 구조적 틈새는 사회적 틈새부분에 다리를 연결하는 관계나 위치에 있는 개인이나 단체가 경쟁에서 유리한 고지를 점령할 수 있는 상태를 말함.

일계인의 일본어 능력부족은 일본인 및 일본사회와의 일정한 거리를 유지하게 하는 에스닉전략, 혹은 이주지에서의 생존전략으로 일본 사회통합과 문화적응에 부정적 영향을 미치고 있는 측면이 존재한다. 왜냐하면 일계인들이 일본사회에 저항적이거나 부적응의 정체성을 형성할 수 있기 때문이다. 반대로 일계인들이 일본어를 잘 구사할수록 거주국 일본에 대한 소속감, 신뢰, 이민자 가족의 문화적응이 촉진되는 경향이 있기 때문이다(Robert, Moorehead 2014:122-144).[12]

이민 제1세대의 부모와는 달리 일본에서 태어난 자란 일계인 2세들의 정체성은 일본인의 정체성에 가깝고 브라질 태생의 부모세대와의 의사소통이 큰 문제로 나타났다. 특히 도일목적이 데카세기 노동자로서 일본에 정착한 일계인1세들은 잔업과 식품산업 등에 종사하는 관계로 장시간의 노동에 시달리기 때문에 시간부족으로 일본어를 습득하기 힘들고 일계인 2세와의 의사소통이 더욱 어려워지고 있는 실정이다. 이러한 현상들은 일계인 부모와 자녀들 간의 정체성과 동화를 둘러싼 문화적 적응의 갈등을 조장하게 되고 부모들의 일본인 문화적응과 정체성에 대한 거부감을 더욱 확대시켜 향수병이나 상실감으로 이어지고 있는 경우도 있었다. 이것은 어느 측면에서는 과거와는 달리 일계인 사회의 다양화, 정체성과 계급의 중층성을 시사하고 있는 것으로 생각된다.

결국 일본정부의 이민자에 대한 동화와 수용정책이 제도적으로 일계인 부모세대에게는 적대감정, 그들 자녀들에게는 일본 문화적응을 강요하게 되면서 일계인 사회와 일본인간의 차별배제의 긴장관계를 조성하고 있는 측면이 있다는 점을 간과해서는 안 될 것이다. 현재 일계인 사회는 일계인 부모세대의 불완전한 일본 문화적응과 자녀들의 완전한 동화 사이에서 움직이고 있는 것으로 추측된다.

---

12 대구가톨릭대학교 다문화연구소 국제학술대회 발표 자료집에 의하면 일본어 소통능력이 일본사회 적응능력을 판가름하는 중요한 요소로서 지적하고 있음.

일계인 차별의식에 대한 사례분석결과를 종합해보면, 일계인의 이주와 정착과정에서 일계인들이 일본정부에 요구하는 사항들을 설문지에서 자유기술형식으로 질문한 결과를 살펴보면 다음과 같다. “나쁜 짓을 하는 브라질인들도 있지만, 직업적으로 일본정부가 일계인들에게 공장노동자뿐만이 아니라 다양한 일할 기회를 제공하기 바란다. 다른 장소에서 우리들의 노력을 인정받고 있는 것처럼 우리의 국적을 보지 말고 나쁜 브라질인도 있지만 좋은 브라질 사람도 많다. 브라질은 더욱 단결해야 한다. 일본어 강좌를 대폭 늘려야 하고 공장에서 공부할 수 있는 시간을 주어야 한다. 일본정부나 사회가 이민자와 외국인에게 동등한 권리를 행사할 수 있도록 보장해야 한다. 일본정부는 열심히 생활하고 있는 브라질인들에게 부정적인 이미지를 가하지 못하도록 일본의 규칙과 법률에 따르지 않는 브라질인들을 모국으로 추방해야 한다. 일본생활에 만족하지 못하는 일계브라질인들은 브라질로 귀국해야 한다. 일본에 귀화하면 원래의 국적을 상실하지 않도록 이중국적을 허용하고 일계인들에게 선거권 및 공무원 담임권을 보장해야 하며, 일계인 자녀들에 대한 교육을 적극 지원해야 한다”[13] 등이었다.

3) 일계인의 다중정체성과 초국가성 인터뷰조사 사례[14]

이번 현지조사의 목적은 중점연구 제2단계 2년차로 해외일계인의 다중정체성과 초국가성을 중심으로 일계인 집거지의 자료수집과 인터뷰조사를 통해 파악하는데 있었다. 일계인들이 모국 혹은 현지 거주국을 떠나 이주와 재이주를 거듭하고 있는 상황에서 일본 현지 이주사회에서 형성된 다중정체

13 일본현지 설문조사과정에서 기술방식으로 질문하여 응답한 내용을 필자가 정리하여 제시한 것임.

14 이 자료는 2015년 2월 2일부터 14일간 일본 현지 요코하마시 쓰루미구, 시즈오카 현 하마마쓰시, 나고야 시 오수지역 및 9번 단지에 거주하는 일계인 대상으로 현지조사를 통한 인터뷰 내용을 정리한 것임.

성과 초국가성을 중심으로 조사하였다. 즉 일계인들이 현지 거주국에서 경험하고 있는 모국신화와 상징기제(기표와 작용), 일계인의 정체성과 모국과의 연관성을 파악하는 것이었다.

구체적으로는 일계인의 모국송금(Remittance), 가족관계, 모국방문 경험유무 등을 규명하고자 하였다. 일본 현지에서 일계인을 대상으로 그들이 이주와 정착과정에서 다중정체성 형성과 초국가성에 대한 현지 인터뷰조사 내용을 정리하면 다음과 같다.

(1) 가타기리상(일본나고야 브라질 식품사장, 50대 남성)

가타기리상은 일계인들이 집거하는 나고야 오수 지역 9번 단지에서 식품점을 운영하고 있다. 그는 일계인들이 직면하고 있는 가장 큰 문제로 직업을 구하기 힘들다는 점을 들었다. 일본에서 일계인노동자들 중 일계브라질인들보다는 일계페루인들이 일본적응을 잘 하고 있다고 한다. 그 이유는 페루출신 일계인들이 수적으로 적고 처음부터 일본적응을 위해 자신의 문화나 커뮤니티 형성에는 무관심하였으며 가능하면 자녀들을 일본학교에 보내려고 노력했다고 한다.

이러한 이유 때문에 페루인들은 일본사회에 적응이 빨랐으며 리먼쇼크 때에도 거의 귀국하지 않고 일본에 정착할 수 있었다. 일계인들은 경제적인 여유를 가질 수 있는 직업이 없고 교육이 부족하여 일본사회에서도 큰 희망이 없고 공동체를 형성하지도 않았다. 따라서 일본정부와의 소통 창구도 역시 부족하다. 이와 같은 맥락에서 일계인들처럼 한국에 노동자로 들어와 있는 중국조선족도 향후 일계인과 마찬가지로 한국사회에서 버림받은 존재로 전락할 가능성이 높을 것으로 생각된다.

(2) 다치가와 페르난데스(일본 숙덕대학 영문학과 3학년생, 21살, 여성)

다치가와는 브라질에서 태어난 지 두 살쯤 도일하였다. 일본 보육원에서부터 일본생활을 시작하였다. 이후 지금까지 약 6개월 정도만 브라질에서 생활하고 나머지는 모두 일본에서 생활했다. 현재 대학생으로 그녀는 포르투갈어, 영어, 일본어를 수준급정도로 잘 구사하였다. 자신은 일본에서 태어나지 않았지만 일본에서 자랐는데 외국인 취급을 당하여 중학교 때까지 정체성 문제로 상당히 고민하였다.

고등학교 진학 후 자신의 정체성을 브라질인으로 결정하고 일본에서 브라질인으로 살기로 결심했다. 엄격한 부모님 밑에서 공부하여 자신의 정체성이 확립되었다고 생각하고 있다. 그녀는 공부에만 전념하기 위해 주변에 브라질인이 없는 곳으로 가서 적응에 성공했다고 한다. 브라질과 일본 양국 문화의 적응에 성공한 대표적인 사례로 처음에는 포르투갈어 구사에 전념하고 나중에 일본어와 일본 문화적응에 노력했다.

중학교 때까지는 차별과 정체성 문제로 차별받기 쉽기 때문에 일계인커뮤니티에 대한 일본정부 지원이 절실하다고 생각했다. 중학교 때는 외국인으로 보이고 차별에 상당히 민감하여 일본에는 전혀 다문화 교육이 안 되어 있는 것으로 생각했다. 고등학교 이후에는 정체성이 확고하고 차별당하지 않고 자신의 긍정적인 장점만 살려 생활해 왔다. 향후 일본에서의 생활은 불안감은 있어도 자신의 다언어적·다문화적 장점을 살려 생활하고 싶다고 했다.

(3) 니시 사요에(30대 후반, 여성, 일계인 목사와 결혼)

니시 사요에는 일계인 목사와 결혼하여 교회를 운영하면서 일계인 노동자들에게 직업알선을 병행하고 있다. 파견회사와 네일아트 사업을 동시에 운영하고 있다. 최근 일계인 노동자의 동향은 노동력이 싼 여성 직업이 대체적으로 증가하고 있다고 한다. 일계인들은 경제적인 이유로 이혼율이 높고 생활보호를 받고 있는 이들이 증가하고 있다. 때문에 일본정부도 최근에는 영주자 이상 체류자에게 생활보조금을 지급하는 법 개정을 서두르고 있는 형편이다.

일계인들은 일본에서 생활하면서 일본에 대한 기본상식이 부족하고 활기가 없다. 직업을 가지고 일을 하려는 적극적인 자세가 없다. 때문에 일본정부의 일계인 이민정책은 실패한 정책으로 평가되고 있다. 최근에는 동남아시아 필리핀이나 베트남 출신 노동자들이 증가하고 있다. 과거 일계인 3세까지 일본입국이 가능했지만 일계인 3세 이후는 입국을 금지시키고 있다.

사진 4.2 나고야 일계브라질인 집거지 9번 단지

일계인 4세부터는 완전한 타국인으로 인정하고 있다. 일계인들은 임금이 비싸기 때문에 기업에서는 임금이 싼 중국인, 필리핀인, 베트남인들을 선호하고 있다. 일본정부는 일계인을 위한 많은 이민정책과 투자를 해왔지만 뚜렷한 성과는 없기 때문에 일계인 우대정책에서 동남아시아인 노동자 선호정책으로 전환을 시도하였다. 그 결과 더 이상 일계인노동자에 대한 메리트는 없으며, 일본사회에 대한 부적응, 많은 사회문제의 야기 등으로 일계인 이민정책은 실패한 정책으로 인식되고 있다. 현재 일본에 잔존하고 있는 16만 명의 일계인들은 일본에 정착할 것으로 예상되고 있지만, 일부 일계인 초중고생들의 일본생활에 대한 부적응 문제로 브라질대학에 진학하는 자가 증

가하면서 문제화되고 있다.

(4) 시노다 카를로스(일계인 학교 운영, 50대 중반, 남성)

일계인들은 일본인이면서 브라질인으로서 불안한 민족정체성을 갖고 있다. 어느 한쪽을 선택했으면 지금과 같은 사태는 없었을 것이다. 법적지위나 정체성이 불안하기 때문에 안정적으로 공부할 수 없고, 미래에 대한 희망도 불투명하다. 그는 지금까지 21년간 브라질인으로서 일본에 체류하고 있다. 브라질 귀국자 회의에 참석해보면 학생을 둔 부모의 입장에서 브라질 적응기간은 6개월 정도 걸린다. 일본에서의 좋았던 것, 문화적인 것 등 긍정적인 이야기를 하는 경우가 많았다.

문제는 현재 일본에서 생활하고 있는 일계인 16만 명에 대한 정보가 잘 알려져 있지 않고 있다는 것이다. 일계인 노동자의 연금문제나 정신적 스트레스는 일본과 브라질 정부 간 합의가 긴급히 필요한 사안이다. 현재 일본과 일계인 사이의 가교역할을 담당하는 사람이나 단체가 없다. 일계인의 정체성은 상황에 따라 일계인? 브라질인? 등 각양각색이기 때문에 법률적용이

사진 4.3 나고야 일계인 교회(RESTORATION CHURCH)

매우 힘들다. 일본에서의 문제는 일본정치가에 기대할 수 있지만 브라질인에게 기대하기는 어렵다. 브라질과 일본정부 간의 대화가 필요하다. 민족은 일계인일지라도 국적은 브라질인 일계인 학자가 10명 정도 일본에 거주하고 있는데 일본사회에 적응하면 일계인사회로부터 모두 멀어지고 있다.

이들은 일계인의 사회적 현실을 모른다. 상호 네트워크가 없으면 가교역할을 담당하기 힘들고 글로벌시대 역할도 힘들다. 일계인사회에 대한 기대보다 브라질인으로서 역할이 기대되고 더욱 필요한 시점이다. 이에 대한 적극적인 논의와 협의가 필요하다.

현재 일계인들은 중학교를 졸업해도 포르투갈어와 일본어 둘 다 못하는 경우가 있다. 따라서 일계인 자립단체 결성이 필요하다. 브라질인으로서의 정체성이 필요한 이유가 여기에 있다. 미국에 브라질인은 120만 명, 전 세계에 300만 명의 브라질인 디아스포라가 있기 때문에 넓은 시각이 필요하다.

일본거주 일계인은 16만 명 정도인데 누구도 일계인 단체 역할을 제대로 못하고 있다. 때문에 사회문제에 대한 해결경험도 없고 해결방법도 없다. 일계인들은 개인의식이 강하고 사회의식이 부족하다. 일본에서나 미국가정에서 일하는 일계인들이 많은 이유도 여기에 있는데 노동조합 결성이 필요하다. 일본인현인회가 존재하지만 문화활동이나 이벤트 행사에만 전념하지 일계인 사회문제에는 관심이 별로 없다. 일계인들은 개인문제를 사회문제로 생각하는 경향이 있다.

일계인들은 한때 일본경제발전에 공헌했지만 브라질 귀국을 종용하였으며 양쪽 모두 상황에 따라 행동하고 있고 지금은 어느 누구도 책임지지 않고 있는 형국이다. 따라서 향후 일계인들은 브라질인으로서의 정체성을 전 세계에 어필해 나갈 필요가 있다.

5. 일계인의 이주와 정착

이 장의 목적은 일본 나고야 시에 거주하는 일계인을 대상으로 그들의 이주정착과정에서 차별배제 의식과 차별유형을 고찰하고 시사점을 도출하는데 있었다. 특히 일본에서도 일계인들이 가장 밀집되어 있는 집거지역인 요코하마시 쓰루미구(横浜市鶴見区), 시즈오카 현 하마마쓰시(静岡県浜松市) 거주 일계인을 대상으로 면접조사를 실시하였다. 또한 나고야시 오수(名古屋市大須) 지역에 거주하는 일계인을 대상으로 설문조사를 실시하여 차별배제에 대한 의식실태를 고찰하는데 중점을 두었다. 연구방법은 이들 지역을 대상으로 문헌연구, 수집자료의 분석, 현지 참여관찰 및 인터뷰조사, 그리고 설문조사를 실시하였다.

설문조사의 분석결과를 정리하면 일계인들이 일본사회에서 느끼는 차별배제의 질문항목에 대한 요인분석결과, 감정적 차별, 문화 및 정보차별, 의사결정의 차별, 언어와 외모적 차별 등 4개의 유형으로 구분되었다. 즉 일계인에 일본인의 차별배제의 유형은 개인에 대한 차별(감정적 차별, 의사결정의 차별, 언어와 외모적 차별), 집단적 차별(문화 및 정보차별)로 설명될 수 있을 것이다.

분석결과 문화 및 정보차별 항목의 정보단절이 일본에서 생활하는 일계인들이 가장 차별받고 있다고 생각하는 항목으로 나타났다. 향후 일계인들이 일본생활에 적응하고 정착하기 위해 시급히 해결해야 문제는 일본사회와 일계인사회를 연결하는 정보전달 역할자(사회문화적 틈새의 원활한 연결자)의 양성과 지원에 있다고 볼 수 있을 것이다. 또한 사례분석결과 2008년 이후 일계인들은 일본어 능력, 자녀교육, 취업문제가 본격적으로 대두되어 일본사회-일계인사회-일계인 세대갈등으로 이어지고 있는 것으로 나타났다.

면접조사에 의한 사례분석결과를 정리하면 다음과 같다.

첫째, 일본에서 일계인들은 비교적 짧은 이민 역사와 2008년 리먼쇼크를 계기로 부모세대는 물론이고 자녀세대들에게도 일본어, 자녀교육, 취업문제 등 많은 어려움을 경험하고 있는 것으로 나타났다.

둘째, 브라질 태생 일계인 1세와 일본 태생 일계인 2세들의 정체성에 의한 세대갈등과 의사소통이 큰 문제로 대두되고 있는 것으로 나타났다. 이러한 현상은 일계인사회의 다양화와 중층성을 반영한 결과로 해석된다.

셋째, 일계인들이 경험하는 일본과 브라질간의 문화적 격차의 틈새에서 일계인의 일본사회 정착과정에서 가장 큰 역할을 담당하고 있는 것은 일계인 교회였다. 일계인 이민-사회적응-직업알선-사회적응과 정착의 모든 단계를 해결해주는 일계인공동체 역할을 대신 수행하고 있었다.

결론적으로 일계인들이 일본사회에서 느끼는 가장 큰 차별배제의 유형은 일계인을 위한 문화시설의 부족과 외부사회와의 정보단절이었다. 이러한 일계인사회의 정보수요를 해결해 주고 있는 기관이 일계인 교회였으며 일계인들의 일본사회 적응과 정착에 매우 중요한 역할을 수행하고 있는 것으로 나타났다. 향후 연구에서는 일계인의 사회문화적응에 중요한 역할을 담당하고 있는 교회의 기능, 그리고 일계인 1세의 동화정책에 따른 적응전략, 일계인 2세들의 브라질과 관계 등에 주목할 필요가 있을 것이다.

V

일계인의 초국가성과 민족정체성의 유형분석

1. 일계인 초국가성과 정체성 형성 배경

일본사회의 저출산고령화에 따른 노동력 부족현상으로 일본산업계의 3D산업에서 일계인의 수용은 1990년대 이후 지속되어 왔다. 그리고 2000년 전후 외국인노동자의 수용 붐으로 매년 2만 명 이상의 브라질 출신 일계인들이 도일하게 되었다. 그로부터 18년 후인 2007년 일본거주 일계인들이 약 30만 명에 달할 정도로 급속히 증가해 왔다. 그러나 2008년 10월에 발생한 리먼쇼크로 인한 전 세계적인 금융위기로 일계인들이 일본에서 취업하기 힘들어지자 브라질로 다시 귀환한 일계인들(브라질 국적 외국인노동자)이 약 10만 명에 달했다.[1]

그러면 왜 이들 일계인들이 일본에서 남미 브라질로 다시 귀환하게 되었는가에 대하여 생각해볼 필요가 있다. 1990년 당시 일본정부는 일계인의 브라질 귀환 희망자에 대해 귀국비용을 일본후생노동성이 부담하는 '일계인 귀국지원사업'[2]을 2009년 4월부터 1년간 본격적으로 실시하였다.[3] 이 사업은 일본에서 리먼쇼크를 계기로 세계경제위기에 직면하면서 남미 일계인노동자의 실업률이 증가하게 되자 취업을 포기하고 모국으로 돌아가는 일계인을 대상으로 귀환자 본인에게 30만 엔, 그리고 부양가족에게 20만 엔의 귀국비용을 지원하게 되었다. 일본후생노동성이 발표한 일계인 귀환제도의 분석결과에 따르면 브라질, 페루 출신 등 일계인 총 21,675명이 귀국한 것으로 나타났으며 이들 중 92.5%가 브라질 국적자였다. 이 제도는 당시 "같은 신분에 의한 체류자격으로 일본 재입국을 시도하지 않는다."는 조건이었기

1 상파울로신문 2012년 4월 27일자 보도. (http://www.saopauloshimbun.com/index.php/conteudo/show/id/8660/cat/105(검색일: 2015. 01.19.))

2 일계인이란 일본이외의 국가에 이주하여 거주국의 국적 또는 영주권을 취득한 일본인으로 일계인 중에는 일본에 거주하는 자를 '재일일계인', 일본 이외에 거주하는 자를 '해외일계인'으로 구분할 수 있다. 이 연구에서는 당시 일본에 거주하던 30만 명의 일계인을 의미함.

3 일본정부는 후생노동성을 중심으로 '일계인 귀국지원사업'을 2009년 4월 1일부터 2010년 3월 1일까지 1년간 실시하였음.

때문에 일본 국내외로부터 일계인 노동자를 위한 '위자료 제도'라는 비판에 직면하였다. 이 때문에 일본-브라질국회의원연맹 간사장이었던 가와무라 다케오가 조정하여 조항 전문에서 "귀환 일계인은 3년간 정주자격으로 재입국할 수 없다."는 조건으로 일부 수정되었다.

전 세계의 금융위기로 촉발된 '일계인 귀국지원사업'은 일본에서 일계인 외국인노동자를 수용하기 시작한 1990년부터 2008년 리먼쇼크까지 약 20년간 실시된 일계인노동자 수용정책의 전면적인 재검토라는 이민정책 실험의 하나였던 것만은 틀림없는 사실이었다.

그러면 일계인노동자들이 2008년 일본에서 브라질로 대량 귀국하게 된 근본적인 원인과 배경에는 리먼쇼크로 인한 실업문제에 국한된 것인가? 라는 문제가 있다. 물론 일계인노동자의 실업문제가 그들이 브라질 귀환하게 된 가장 큰 배경이 될 수 있지만 이 장에서는 일본사회의 일계인 수용시스템의 부재에 초점을 두고자 한다.

일본정부는 1990년 이전까지만 해도 단순노무직 외국인노동자의 수용을 인정하지 않는 이민정책을 고수해왔다. 그러나 일본기업의 3K산업에서 노동력부족이 현실화되자 일본정부는 예외로 일계인노동자에 한정하여 이민문호를 개방하였다. 그리고 1990년대 이후 일계인 노동자들은 일본산업계의 저변을 지탱하는 역할을 담당해왔다. 현재 일계인들이 주장하고 있는 일본 산업을 위한 일계인의 지대한 공헌 발언은 여기에서 비롯된 것이라 할 수 있다.

그러나 일계인 노동자들은 당초 일본정부가 기대했던 일본생활 적응에 있어서 언어와 문화적으로 큰 차이를 보였다. 일계인들은 일본사회에서 언어와 생활습관의 차이로 지역사회에 서 잘 적응하지 못했고 일계인 자녀들은 언어문제로 학교 수업을 따라가지 못하는 등 예상치 못한 다양한 문제들에 직면하게 되었다. 또한 2008년 세계금융위기 이후 일본기업들이 일계인의 일본어 구사능력을 채용조건으로 삼았기 때문에 일계인 노동자들은 일본어 구사문제 때문에 실업자로 전락하는 이들이 대량 발생하였다. 하지만 일본정부는 이후 일계인 노동자를 위한 뚜렷한 대안 제시나 이민정책을 수립하지 못했다. 반대로 현재 일계인 노동자들이 집중된 지방자치단체나 학교 현장에서 일계인을 위한 일본어 문제와 사회적응을 위한 해결방안을 모색하고 있는 아이러니컬한 상황이 전개되고 있다.

이 장에서는 일계인노동자의 브라질 귀환 배경에 대하여 종래의 리먼쇼크로 인한 실업문제를 염두에 두고 왜 그들이 모국 브라질로 귀국하게 되었는지에 대하여 민족차별에 따른 민족정체성의 재형성 과정을 살펴보는 데 있다.

전술한 바와 같이 일본인의 해외진출은 19세기 중반인 1866년부터 시작되었다. 2015년 현재 전 세계에 체류하고 있는 일본인 수, 즉 해외체류 일계인 수는 약 260만 명에 육박하고 있다. 주지하는 바와 같이 인간은 한 국가 아니면 외국으로 태어나면서부터 이동은 시작되고 이주지, 특히 모국을 떠나 해외로 이주하여 생활하게 될 때 처음으로 자기 정체성을 의식하게 된다. 이것은 어느 개인이나 민족에게 공통적으로 발생하는 문제이며 일본인들도 예외는 아니다.[4]

그러면 흔히 우리가 생각하는 인간의 정체성이란 무엇인지 생각해 볼 필요가 있다. 먼저 정체성에 대한 정확한 의미를 살펴보면 영어로는 아이덴티티(identity)이다. 이것은 자기동일성(self identity)이나 자아동일성(ego identity)이 결합된 것으로 간주된다. 일찍이 이러한 정체성의 존재를 인식하고 주장한 학자는 심리학자이자 정신분석학자인 에릭슨(Erikson, 1959)이다. 에릭슨은 인간의 정체성에 대하여 자아동일성은 주관적 측면에서 자아의 다양한 통합방법에 대한 자기일치성(혹은 획일성, uniformity)이 타자에 대하여 자신이 가지고 있는 의미의 일치성과 연속성을 보장하는 역할을 수행하고 있다는 자각이라고 정

4 외무성 홈페이지(http://www.mofa.go.jp/mofaj/toko/tokei/hojin/09/pdfs/1.pdf(검색일: 2015. 01.1 7))

의하였다. 즉 에릭슨이 말하는 정체성의 자아동일성 감각이란 내적 일치성과 연속성을 유지하는 개인적 능력이 타자에 대하여 자신이 가지고 있는 의미의 일치성과 연속성이 조화됨으로서 발생하는 자신감이라고 주장하였다.[5]

이러한 에릭슨의 자아동일성의 개념과 이론을 더욱 발전시켜 일본에서 일본인의 정체성 연구에 적용한 학자는 다니(谷, 2004)이다. 그는 인간의 정체성에서 자아동일성을 세분하여 4개의 하위개념으로 구분하여 설명하였다.[6] 이것을 구체적으로 설명하면 다음과 같다. 첫째, 자기일치성과 연속성은 자기 불변성 및 시간적 연속성에 대한 감각이다. 둘째, 목적적 동일성은 자기 자신이 지향해야 하는 것, 혹은 희망하고 있는 것 등을 명확히 의식하고 있는 감각이다. 셋째, 이타적 동일성은 인간이 타자에게 보일 것으로 예상되는 자기 자신과 본래의 자기 자신이 일치하고 있다는 감각이다. 넷째, 심리사회적 동일성은 자기가 생활하고 있는 현실사회에서 자기 자신을 의미 있게 만드는 자신과 주변사회와 조화롭게 잘 적응하고 있다는 자신과 사회관계의 감각이다.[7]

이와 같은 다니와 미야시타(谷冬彦 · 宮下一博, 2004)에 의한 4개의 정체성 하위개념을 종합해보면, 결국 인간의 정체성이란 자기일치성, 목적동일성, 이타적 동일성, 심리사회적 동일성의 통합으로 정의될 수 있다. 여기에서 어느 것 하나가 부족하거나 결핍될 경우 정상적인 정체성 형성에 많은 변화를 초래할 가능성이 존재한다.

이러한 인간의 정체성 형성에 대하여 오카모토(岡本, 2002)의 연구는 인간이 어떤 삶을 살고 어떤 직업과 어떤 라이프 스타일을 선택하여 어떤 신념을

5 Erikson, E. H.(1959) *Identity and the life cycle*. New York : International Universities Press. 小此木啓吾編訳(1973)『自我同一性』誠信書房。

6 谷冬彦 · 宮下一博(2004) 『さまよえる青少年の心ーアイデンティティの病理ー発達心理学的考察』北大路書房、pp.73-74。

7 이 연구에서 정체성은 인간 개인으로서의 정체성, 민족정체성은 민족집단으로서의 정체성으로 정의하여 사용하고 있음.

가지고 살아 갈 것인가 라는 고민은 청소년기만의 문제가 아니라 평생의 고민이라고 주장한다. 인간은 자신이 누구이며 자기다운 삶이란 과연 어떤 것인가 라는 정체성에 대한 끊임없는 질문을 하게 되며 라이프 사이클의 전환기 때마다 반복되는 인생의 중요한 화두라는 것이다.[8]

이렇게 볼 때 결국 한 인간의 삶과 자기다운 삶의 정체성 형성 과정에서 어떠한 요인이 직접적인 영향을 미치게 되는지에 대해서는 다양한 연구과정을 통하여 도출해 낼 수 있을 것이다.

이러한 인간의 정체성 형성 과정에서 한 걸음 더 나아가 구체적으로 자아 혹은 자기를 형성하고 있는 정체성에서 구체적으로 어떤 것들이 있는지 밝혀낸 연구자는 돈(Don Hinkelman)과 이시카와(石川園代)이다. 이들은 정체성의 구체적인 구성요소들을 다음 〈표 5.1〉과 같이 10개로 분류하여 제시하였다. 그리고 이들 중 어느 한 개가 아닌 이들 요소의 집합 혹은 조화에 의해 개인

표 5.1 정체성을 구성하는 주요 항목[9]

정체성 구성요소	정체성 구성요소의 정의
지리	거주하고 있는 국가나 지역, 태어나 자란 장소
문화	자신이 속한 문화(재일코리안, 혹은 일계인 문화 등)
민족	자신이 속한 민족집단
계급	상류계급, 중류계급 등의 의식
종교	자신의 종교
직업	자신의 직업
성	자신의 성이나 성역할
조직	자신이 속한 회사 등의 조직
가족	가족의 일원으로서의 의식
개인	자신의 성격과 특징

8 岡本祐子(2002)『アイデンティティ生涯発達論の射程』ミネルバ書房。

9 中真奈美(2008) 「海外生活がアイデンティティに与える影響ーあるアメリカ在住日本人の経験を通しての考察ー」『東京未来大学研究紀要』第1号、p.90.

의 정체성이 형성된다고 주장하였다. 즉 인간의 정체성이란 이러한 여러 가지 요인들의 복합적인 요소에 의해 만들어진다는 것이다.[10]

따라서 이 장에서는 에릭슨의 4개의 하위개념의 동일성 중 일계인들이 자기일치성과 목적동일성이 일치한다고 하더라도 거주국에서 이타적 동일성과 심리사회적 동일성의 거부나 거절에 의해 어떠한 정체성이 형성되고 있는지 살펴보고자 한다. 이 연구에서는 주요 하위분석단위로서 돈(Don Hinkelman)과 이시카와(石川園代)가 지적한 10개의 정체성 구성 항목 중 이타적 동일성과 심리사회적 동일성에 해당되는 문화, 민족, 직업, 조직, 가족, 개인의 특성에 초점을 두고 살펴볼 것이다. 즉 이러한 분석을 통해 일계인들이 일본사회의 이타적 동일성과 심리사회적 동일성의 거부, 즉 민족차별(감정, 문화, 의사결정, 민족, 개인적 특성)에 의해 어떠한 민족정체성을 재형성하게 되었는지 구체적으로 도출해 내고자 한다.

이 연구에서 일계인의 정체성 형성 모델은 〈그림 5.1〉에 제시한 바와 같이 그들의 자기정체성이 도일 전 브라질에 거주할 때는 모국신화에 따른 일

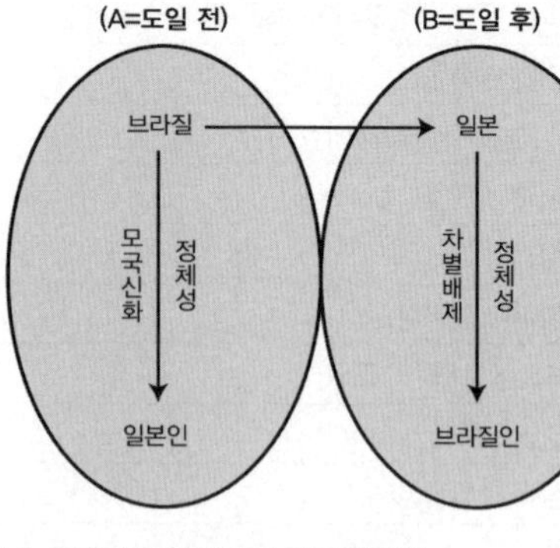

그림 5.1 도일전후 일계인의 민족정체성

10 ダン・ヒンクルマン(Don Hinkelman)・石川園代(2005) 異文化間コミュニケーション基礎 I 多文化ネット(http://www.ta-bunka.net/info/j.html(rjatordlf: 2015.01.17))

본인의 정체성을 지향하고 도일 후 일본에 거주할 때는 일본사회의 차별경험으로 브라질인의 정체성을 형성하게 된다는 가설에 근거하고 있다.

2. 정체성 형성에 대한 연구방법 및 분석절차

이 연구의 분석자료는 2014년 2월에 실시한 일본 현지 설문조사와 인터뷰조사를 바탕으로 수집된 데이터를 활용하였다. 일계인의 민족정체성의 형성과정을 분석하기에 앞서 먼저 해당 설문문항들의 신뢰도를 확인하기 위하여 Cronbach 알파 값을 산출하였다. 각 설문문항별 혹은 민족차별 유형별 응답자들의 인구통계학적 특성별(성별, 연령별, 체류자격별 등) 차이를 살펴보기 위해 평균값의 비교, 독립표본 t-Test(차이분석), 일원분산분석(ANOVA), 요인분석, 회귀분석을 실시하였다. 이 연구에서 통계적 검증을 위한 유의수준은 알파 값=.05로 설정하였으며 수집된 자료는 SPSS 21.0을 사용하여 다양한 분석을 시도하였다. 이 연구에서 활용한 민족정체성 관련 문항은 Likert 5점 척도(1=전혀 그렇게 생각하지 않음, 5=매우 그렇게 생각함)로 구성되었으며 Cronbach 알파 값은 .934로 나타나 해당 질문항목에 대한 신뢰도는 높은 것으로 나타났다.

특히 요인분석결과 일계인의 민족정체성은 3가지 유형으로 구별되어 이들 문항을 모두 합산한 후 해당 질문항목수로 나누어 도출된 민족차별의 평균을 활용하여 감정적, 문화적, 의사 결정적, 민족적, 개인적 특성별 차이 등을 비교분석하였다.

또한 이 연구에서 일계인의 민족차별과 민족정체성은 기존연구(Don Hinkelman · 石川園代, 2005)의 결과 10개의 하위개념으로 구성되어 있는 것으로 나타났다. 이 연구에서는 관련된 4개의 변인들을 하위개념으로 나누어 분석을 시도하였다. 이를 위해 먼저 민족정체성 관련 27개의 질문항목이 요인분석을 실시하기에 적합한지를 살펴보기 위해 KMO(Kaiser-Meyer-Olkin) 측정과 Bartlett

구형성 검정을 실시하였다. 요인분석에서 평가기준으로 고유 값(eigen)은 1.0, 요인적재량(factor loading)은 3.0으로 설정하여 베리맥스(Varimax) 직각회전법을 이용한 요인분석을 실시하였다. 마지막으로 일본에서 거주하는 일계인의 민족차별이 민족정체성 형성에 미치는 영향을 분석하기 위해 민족차별 평균을 독립변수로 민족정체성의 요인을 종속변수로 하여 회귀분석을 실시하여 분석을 실시하였다.

3. 일계인 민족차별에 따른 민족정체성 형성과 유형분류

1) 인구학적 특성과 정체성의 평균차이(ANOVA)분석

이 연구에서는 일계인의 민족정체성 형성에 초점을 두고 있기 때문에 먼저 일계인의 인구통계학적 특성과 민족정체성의 평균을 비교하여 그 차이점을 살펴보고자 한다. 먼저 다음 〈표 5.2〉에 제시한 바와 같이 일계인 노동자의 인구통계학적 특성에 따른 민족정체성의 평균의 차이를 살펴보면 연령별, 교육수준별, 연수입별, 가족경제활동인구별, 체류자격별, 세대구분별로 유의미한 차이가 있는 것으로 나타났다.

그러나 인구통계학적 특성 중 성별, 직업별, 국적별, 자녀의 교육적 지지별, 일본거주기간별, 지위유무별, 결혼여부별, 단체 활동별로는 통계적으로 유의미한 차이가 없는 것으로 나타났다. 분석결과를 순서대로 살펴보면 다음과 같다.

먼저 성별로 차이분석결과를 보면 t-Test결과 남성과 여성간의 민족정체성은 유의미한 차이가 없는 것으로 나타났다. 그러나 민족정체성의 전체평균에서는 남녀 간의 성별 차이분석결과 남성이 더 높은 것으로 나타났다. 일계인의 연령별, 교육수준별, 연수입별 ANOVA분석결과, 인구통계학적 특성과 민족정체성의 관계는 통계적으로 유의미한 것으로 나타났다. 특히 30-40대 일계인의 민족정체성이 가장 높은 것으로 나타났다. 일계인의 민족정체성 평균은 연령이 높을수록 일계인의 민족정체성이 높은 것으로 나타났으며 연령이 낮을수록 민족정체성은 약한 것으로 나타났다. 그러나 일계인의 교육수준과 민족정체성의 차이는 교육수준이 높을수록 민족정체성의 평균값이 낮아지는 것으로 나타났다. 그 이유는 교육정도에 따라 일본사회의 적응도(동화)가 높아지기 때문인 것으로 생각된다.

일계인의 민족정체성에 대한 로버트 무어헤드(Robert Moorehead, 2014)의 기존연구에서는 브라질에서 태어나 일본으로 도일한 부모세대는 일계인의 정체성이 강하고 일본에서 태어나 일본식 교육을 받은 일계인 2세의 경우 일본인의 민족정체성에 가까워 일계인 자녀와 부모세대간의 의사소통이 교육상의 가장 큰 문제로 지적한 바 있다.[11] 결국 그는 거주국에서 교육효과가 일본사회 일계인들의 민족정체성에 있어서 동화와 분리를 결정하는 중요한 요인이라고 주장하였다.

표 5.2 인구학적 특성과 민족정체성의 차이분석

설문항목		N(%)	평균	표준편차	F or T	P
성별	남성	35(35.0)	2.742	.742	1.083	.281
	여성	65(65.0)	2.566	.787		
연령	10대a	8(8.0)	1.514	.781	4.622	.001
	20대b	11(11.0)	2.583	.787		
	30대b	37(37.0)	2.758	.754		
	40대b	24(24.0)	2.836	.516		
	50대b	14(14.0)	2.633	.731		
	60대 이상b	6(6.0)	2.549	.828		

11 Robert, Moorehead(2014) "OATHS, TESTS, AND SEMI-ADAPTING: TESTING NIKKEIJIN LOYALTY IN JAPAN", 대구가톨릭대학교 다문화연구소 국제학술대회 발표논문집, pp. 122-144.

교육수준	초등졸업ab	7(7.0)	2.159	.876	2.951	.016
	중등졸업a	57(57.0)	2.531	.797		
	고등졸업b	18(18.0)	3.148	.386		
	2년제 대학졸업ab	2(2.0)	3.167	.498		
	4년제 대학졸업ab	11(11.0)	2.700	.654		
	기타ab	4(4.0)	2.426	.700		
연수입	200만 엔 이하a	19(19.0)	2.240	0.847	2.568	.043
	200~400만 엔ab	55(55.0)	2.669	0.792		
	400~600만 엔b	21(21.0)	2.912	0.449		
	600~800만 엔ab	3(3.0)	2.099	0.506		
	800~1000만 엔ab	2(2.0)	3.000	1.414		
가족경제 활동인구	1명a	37(37.0)	2.758	0.706	2.624	.039
	2명ab	45(45.0)	2.711	0.765		
	3명ab	12(12.0)	2.157	0.878		
	4명ab	3(3.0)	1.864	0.600		
	5명b	2(2.0)	2.093	0.131		
체류자격	국적취득자a	2(2.0)	1.278	0.393	12.187	.000
	영주자b	41(41.0)	2.996	0.548		
	정주자a	55(55.0)	2.403	0.800		
세대구분	1.5세a	25(25.0)	2.333	0.757	3.559	.017
	2세b	19(19.0)	3.024	0.561		
	3세ab	44(44.0)	2.564	0.843		
	기타ab	12(12.0)	2.849	0.538		
종교여부	기독교(개신교)b	4(4.0)	3.250	0.289	4.299	.007
	가톨릭ab	44(44.0)	2.630	0.854		
	불교a	28(28.0)	2.282	0.784		
	기타b	24(24.0)	2.923	0.412		
향후 일본 체류여부	있다c	17(17.0)	3.105	0.368	19.549	.000
	없다b	60(60.0)	2.769	0.614		
	잘 모르겠다a	23(23.0)	1.908	0.898		

다음은 일계인의 경제활동인구와 민족정체성과의 평균값의 차이를 살펴보았다. 분석결과 흥미로운 사실은 일본에서 일계인의 경제활동인구가

많을수록 일계인의 민족정체성이 약한 것으로 나타났다. 이러한 분석결과의 원인을 추정해보면 일계인들이 일본에 데카세기(出稼ぎ: 돈벌이 노동자)목적으로 도일한 경우가 많기 때문에 일본에서 충분한 일자리가 제공되는 경우 일계인보다는 일본인에 더욱 친근감을 느낄 것으로 보인다.

이번에는 일계인의 체류자격별 민족정체성의 평균값의 차이를 살펴본 결과 일계인 정주자보다 일계인 영주자의 평균값이 높게 나타났다. 일본에서 일계인 대부분이 귀화자보다 영주자 및 정주자가 많은 이유는 1990년 6월에 실시된 '출입국관리 및 난민인정법' 개정으로 브라질 출신 일계인들이 일본에서의 취업활동에 제한이 없는 체류자격이 주어지고 합법적으로 취업할 수 있었기 때문인 것으로 풀이된다.[12] 세대구분별 민족정체성의 차이를 보면 일본에서 태어난 일계인 1.5세보다 브라질에서 태어난 일계인 2-3세의 민족정체성이 더 높게 나타났다. 그 이유는 브라질에서 태어나 일본으로 이주한 후 정체성에 대한 관심이 더 높아진 것으로 보이며 반대로 일본에서 태어난 1.5세의 경우 일계인의 정체성이 약화되었기 때문인 것으로 풀이된다. 이는 전술한 일계인의 연령별, 교육수준별 민족정체성의 차이와도 일맥상통하는 것으로 생각된다.

일계인의 종교별 정체성의 차이는 기독교나 불교보다는 가톨릭 신자들의 민족정체성이 높게 나타났다. 이는 어느 측면에서 브라질이 전통적인 가톨릭국가이기 때문에 그 영향을 많이 받은 것으로 생각된다. 향후 일본체류 여부에 따른 일계인 정체성의 차이를 살펴보면 일본에 체류할 의사가 있는 일계인의 경우 민족정체성이 강하게 나타났다. 이는 일본체류 의사가 높은 일계인들일수록 그들만의 커뮤니티에 대한 애착이나 일계인네트워크에 대한 구축의 필요성에 대한 의식이 강한 것으로 보인다.

---

12 임영언외(2013) 『일계인 디아스포라: 초국적 이주루트와 글로벌 네트워크』북코리아, pp. 26-27.

2) 민족정체성의 평균비교분석

이 연구에서 일계인의 민족정체성에 대한 질문항목은 총 27개 항목으로 구성되었다. 다음 〈표 5.3〉은 이들 일계인의 민족정체성의 질문항목에 대한 빈도분석 및 평균값을 제시한 것이다. 민족정체성 항목 중 평균값이 3.0이상으로 높은 항목만을 살펴보면 "2. 주위에 일본인들이 있는데 일계인들끼리 논쟁은 좋지 않다. 3. 나는 일본요리를 각별히 좋아한다. 7. 일계인들이 브라질문화를 유지해야 한다고 생각한다. 10. 일계인들은 일본인과 교류하여 완전한 일본인으로 동화되는 것이 최선이다. 16. 일계인은 일계인들과 데이트 하는 것이 좋다." 등이다. 이러한 일계인 민족정체성 평균값의 분석결과를 살펴보면 두 가지 의견으로 극명하게 엇갈리고 있다. 즉 하나는 일계인들이 3번이나 10번과 같이 일본에 완전히 동화되어야 한다는 유형이고, 또 하나는 7번이나 16번과 같이 일계인만의 정체성유지와 문화유지를 강조하는 유형이다.

표 5.3 민족정체성 빈도분석 및 평균분석(N=100, 괄호 안: %)

정체성 질문항목	전혀 그렇게 생각하지 않음	그렇게 생각하지 않음	보통	그렇게 생각함	매우 그렇게 생각함	평균	표준편차
1. 좋은 아이들은 말을 잘 듣는 고분고분한 아이들이다.	33(33.0)	17(17.0)	10(10.0)	22(22.0)	18(18.0)	2.75	1.546
2. 주위에 일본인들이 있는데 일계인들끼리 논쟁은 좋지 않다.	21(21.0)	19(19.0)	7(7.0)	41(41.0)	12(12.0)	3.04	1.392
3. 나는 일본요리를 각별히 좋아한다.	23(23.0)	9(9.0)	24(24.0)	23(23.0)	21(21.0)	3.10	1.446
4. 일계인들이 전혀 없는 지역보다는 조금이라도 있는 지역에 거주하는 것이 안심된다.	31(31.0)	28(28.0)	21(21.0)	15(15.0)	5(5.0)	2.35	1.209

5. 부모의 노후문제는 장남이 책임져야 한다.	49(49.0)	21(21.0)	17(17.0)	9(9.0)	4(4.0)	1.98	1.180
6. 일본인들의 차별을 예상하지 않고 새로운 장소로 이사하여 거주하는 일계인들은 바보이다.	36(36.0)	35(35.0)	14(14.0)	13(13.0)	2(2.0)	2.10	1.096
7. 일계인들이 브라질문화를 유지해야 한다고 생각한다.	23(23.0)	11(11.0)	22(22.0)	31(31.0)	13(13.0)	3.00	1.371
8. 일계인들은 일본인들이 향유하고 있는 많은 기회들을 조상들 때문에 박탈당하고 있다.	34(34.0)	24(24.0)	11(11.0)	22(22.0)	9(9.0)	2.48	1.389
9. 일계인공동체의 인간관계는 비교적 따뜻하고 끈끈하다.	30(30.0)	31(31.0)	19(19.0)	5(5.0)	15(15.0)	2.44	1.366
10. 일계인들은 일본인과 교류하여 완전한 일본인으로 동화되는 것이 최선이다.	21(21.0)	16(16.0)	12(12.0)	43(43.0)	8(8.0)	3.01	1.330
11. 잘 모르는 사람들에게는 본심을 감추려는 경향이 있다.	25(25.0)	16(16.0)	23(23.0)	17(17.0)	19(19.0)	2.89	1.449
12. 타인에 대한 생각이나 배려가 지나치다고 생각한다.	44(44.0)	39(39.0)	8(8.0)	2(2.0)	7(7.0)	1.89	1.109
13. 일본인은 일계인과 비교하여 사귀기 힘들다.	25(25.0)	42(42.0)	21(21.0)	7(7.0)	5(5.0)	2.25	1.067
14. 어렸을 때는 잘 몰랐지만 어른이 되면서 일본어학교의 고마움을 느끼게 되었다.	17(17.0)	24(24.5)	30(30.0)	21(21.0)	6(6.0)	2.74	1.160
15. 도움이 필요할 때 먼저 친척에게 부탁하는 것이 좋다.	20(20.0)	30(30.0)	14(14.0)	25(25.0)	11(11.0)	2.77	1.325
16. 일계인은 일계인들과 데이트하는 것이 좋다.	21(21.0)	19(19.0)	10(10.0)	37(37.0)	13(13.0)	3.02	1.392
17. 한번 일계인으로 태어났기 때문에 죽을 때까지 일계인이다.	17(17.0)	28(28.0)	26(26.0)	21(21.0)	8(8.0)	2.75	1.201
18. 일계인들이 일본문화에 대하여 많이 아는 것은 좋지만 필요한 것은 아니다.	15(15.0)	39(39.0)	23(23.0)	18(18.0)	5(5.0)	2.59	1.102
19. 일본은 위대한 예술적 유산을 가지고 있으며 세계문명에 필요한 공헌을 해왔다.	20(20.0)	22(22.0)	12(12.0)	35(35.0)	11(11.0)	2.95	1.351
20. 일본문화에 비호의적인 일계인은 잘못된 것이다.	26(26.0)	23(23.0)	16(16.0)	21(21.0)	14(14.0)	2.74	1.411

21. 은혜를 갚지 않는 인간은 좋다고 말할 수 없다.	20(20.0)	23(23.0)	12(12.0)	30(30.0)	15(15.0)	2.97	1.396
22. 차별받고 당황하는 것 보다 그런 장소는 처음부터 피하는 것이 현명하다.	21(21.0)	25(25.0)	22(22.0)	25(25.0)	7(7.0)	2.72	1.248
23. 일본영화를 보는 것이 재미있다.	18(18.0)	30(30.0)	16(16.0)	28(28.0)	8(8.0)	2.78	1.260
24. 자주 질문을 하는 인간은 전체 진행에 방해된다.	26(26.0)	32(32.0)	19(19.0)	12(12.0)	11(11.0)	2.50	1.299
25. 일계인만의 교회에 가는 것을 좋아한다.	29(29.0)	30(30.0)	27(27.0)	11(11.0)	3(3.0)	2.29	1.094
26. 개인이 신용을 잃어버리면 가족전체에 영향을 미친다.	20(20.0)	25(25.0)	23(23.0)	28(28.0)	4(4.0)	2.71	1.192
27. 일계인과 일본인과의 결혼은 장려해서는 안 된다.	28(28.0)	45(45.0)	15(15.0)	10(10.0)	2(2.0)	2.13	1.002

이상과 같은 분석결과를 바탕으로 평균값의 분포순위에 따라 일계인의 민족정체성의 유형을 분류하면 일본형과 일계인형, 그리고 혼합형으로 분류할 수 있다. 이러한 결과는 다음에 실시하는 요인분석에서 보다 확실하게 구분해 줄 것으로 생각된다.

3) 일계인의 민족정체성 요인분석

다음 〈표 5.4〉는 민족정체성에 관한 27개 설문항목을 동시에 요인 분석한 결과를 제시한 것이다. 주축요인 추출방법을 이용하여 고유 값이 1.0 이상인 것들만 추출하는 방식으로 요인추출을 실시한 결과 요인은 6개로 요약되었으나 추출하는 요인을 3개로 제한하여 요인분석을 실시하였다. 민족정체성 요인분석의 설명된 총 분산을 바탕으로 이들 3개의 요인분석 결과에 대한 요인의 설명력은 58.4%정도였다. 이러한 설명력의 비율은 일계인의 민족정체성의 요인분석에 따른 유형을 어느 정도 설명해주고 있다는 것을 의미한다.

표 5.4 민족정체성 요인분석 결과

민족정체성 질문항목	요인분석결과		
	제1요인 (일본인 정체성)	제2요인 (일계인 정체성)	제3요인 (혼합형 정체성)
민족정체성19	.867	.087	.054
민족정체성21	.810	.052	.171
민족정체성3	.758	.348	-.122
민족정체성20	.753	-.112	.248
민족정체성11	.700	.480	.028
민족정체성2	.646	.332	.281
민족정체성7	.640	.319	.300
민족정체성10	.619	.493	.119
민족정체성22	.566	.356	.290
민족정체성14	.479	.462	.185
민족정체성26	.473	.379	.458
민족정체성4	.468	.386	.076
민족정체성16	.256	.842	.103
민족정체성24	-.085	.682	.185
민족정체성15	.320	.674	.175
민족정체성17	.311	.669	.097
민족정체성23	.343	.531	-.015
민족정체성6	.165	.453	.347
민족정체성5	.217	.436	.097
민족정체성8	.095	.284	.704
민족정체성12	.088	-.246	.672
민족정체성9	.060	.266	.610
민족정체성25	-.077	.522	.607
민족정체성27	.086	-.072	.584
민족정체성13	.173	.206	.547
민족정체성1	.325	.319	.479
민족정체성18	.325	.299	.384

주: 요인추출 방법: 주축 요인추출, 회전 방법: Kaiser 정규화가 있는 베리맥스.

한편 위의 각 요인분석에 포함된 평가항목들의 내용을 고려하여 3개의 요인을 각각 '일본인 정체성', '일계인정체성', '제3의 혼합형정체성'으로 명명하였다. 요인분석을 통해 도출된 3개 요인에 대한 신뢰도 분석결과는 다음 〈표 5.5〉와 같다. 요인별 Cronbach 알파 값은 0.5이 이상으로 비교적 높게 나타났으며 요인별 평가항목들이 비교적 일관되게 평가하고 있는 것으로 나타났다.

표 5.5 일계인 민족정체성의 유형화

요인	유형	문항	문항 수
제1요인	일본인 정체성	2,3,7,10,11,19,20,21,22	9
제2요인	일계인 정체성	15,16,17,23,24	5
제3요인	혼합형 정체성	8,9,12,13,27	5

위의 〈표 5.5〉와 같이 일계인의 민족정체성에 대한 요인분석결과, 일계인의 정체성은 '일본인 정체성', '일계인 정체성', '제3의 혼합형 정체성' 등 3개 유형으로 분류되었다. 따라서 요인분석결과에 의한 일계인의 민족정체성은 일본인 지향형, 일계인 지향형, 제3의 혼합 지향형 등으로 구분할 수 있을 것으로 생각된다. 요인분석 결과를 통해 도출된 일계인의 민족정체성에 관한 3개 요인에 대하여 상관분석과 회귀분석 결과는 다음과 같다.

4) 일계인의 민족차별과 정체성의 상관분석 및 회귀분석

그러면 이번에는 일본사회에서 일계인의 민족차별경험과 민족정체성 형성과는 어떠한 관계가 있는지 알아보기 위해 상관분석을 실시하였다. 분석결과 민족차별평균과 민족정체성평균 사이에는 양의 상관관계가 존재하고 있는 것으로 나타났다. 이러한 상관분석결과는 일계인들이 일본사회에서 민족차별에 대한 인식이 강할수록 일계인으로서의 민족정체성에 대한 인식도 강하다고 볼 수 있다.

다음 〈표 5.6〉에 제시한 바와 같이 분석결과를 상세히 살펴보면 일계인의 민족정체성은 일본사회의 일계인에 대한 감정적 차별, 문화적 차별, 민족적 차별이 강할수록 민족정체성이 강화되는 것으로 나타났다. 일본사회에서 일본인들이 일계인에 대하여 감정적인 무시, 문화정보 단절, 서투른 일본어와 외모에 의한 차별경험을 당할수록 일계인들의 민족정체성은 더욱 강해지는 것으로 나타났다.

표 5.6 민족차별 요인과 민족정체성 상관분석

민족차별 요인		감정적 차별	문화적 차별	개인적 특성 차별	민족적 차별
민족정체성 평균	Pearson 상관계수	.215*	.403**	.160	.311**
	유의확률 (양쪽)	.031	.000	.113	.002
	N	100	100	100	100

주: 상관계수 **= 0.01 수준(양쪽)에서 유의

표 5.7 민족차별 요인과 민족정체성 회귀분석

민족정체성 평균	비표준화 계수		표준화 계수	t	유의확률
	B	표준오차	베타		
(상수)	1.814	.210		8.627	.000
감정적 차별	-.093	.074	-.162	-1.260	.211
문화적 차별	.285	.084	.431	3.381	.001
개인적 특성 차별	.030	.113	.026	.266	.791
민족적 차별	.224	.115	.200	1.945	.055
F					6.133(〈0.000)
R^2					.205

다음은 일계인의 민족차별 경험요인(감정적 차별, 문화적 차별, 개인적 특성 차별, 민족적 차별)을 독립변수로 설정하고 민족정체성 평균을 종속변수로 하여 회귀

분석을 실시하였다. 회귀분석결과는 위의 〈표 5.7〉과 같다.

회귀분석결과, 추정된 회귀모형의 적합도에 대한 F통계량은 6.133(유의확률 0.000)으로서 유의수준 5% 정도에서 유의하고, R^2은 0.205로 설명력은 낮은 편이지만 회귀모델은 적합한 것으로 나타났다. 각각의 회귀계수의 t검정 결과 일계인의 문화적 차별은 유의확률이 각각 0.001로 유의수준 5%이하에서 유의한 것으로 나타났다. 즉 모형에 포함된 독립변수 중 민족차별 요인에 통계적으로 유의미한 영향을 주는 요인은 문화적 차별로 나타났다.

일계인의 민족적 차별은 유의수준 5%이하에서 통계적으로 유의미하지 않았지만 거의 5%에 가까워 영향요인으로 볼 수 있다. 일계인의 민족차별 요인이 민족정체성 평균에 영향력을 주는 요인은 문화적 차별(0.431)〉민족적 차별(0.200)〉감정적 차별(-0.162)〉개인적 특성 차별(0.026) 순으로 나타났다. 이들 영향요인 가운데 민족차별 요인들 중 감정적 차별은 민족정체성 평균에 음의 영향을 주는 것으로 나타났다. 이를 해석하면, 일계인들이 문화적 차별을 강하게 느낄수록 일계인의 민족정체성이 강화된다는 의미를 뜻한다. 반면, 일계인들이 일본사회에서 감정적 차별을 강하게 느낄수록 민족정체성이 약화된 것으로 볼 수 있을 것이다.

다음은 본 연구의 지면관계상 표를 제시하지는 않았지만 일본인의 일계인에 대한 민족정체성 요인(일본인 정체성, 일계인 정체성, 혼합 정체성)을 독립변수로 민족차별평균을 종속변수로 하여 회귀분석을 실시하였다.

회귀분석 결과를 살펴보면 추정된 회귀모형의 적합도에 대한 F통계량은 26.863(유의확률 0.000)으로서 유의수준 5%에서 유의하고, R^2은 0.462로 설명력은 어느 정도 높은 편으로 회귀모형은 적합한 것으로 나타났다. 각각의 회귀계수의 t검정 결과 일본인 정체성, 일계인 정체성, 혼합 정체성은 유의확률이 각각 0.022, 0.000, 0.000으로 유의수준 5%이하에서 유의한 것으로 나타났다.

즉 회귀모형에 포함된 독립변수 중 민족차별평균에 영향을 주는 요인은 일본인 정체성, 일계인 정체성, 혼합 정체성 유형으로 나타났다. 일계인의 민족정체성에서 영향력이 큰 정도는 혼합 정체성(0.516)〉일계인 정체성(0.395)〉 일본인 정체성(-0.177) 순으로 나타났다. 하지만 일계인의 민족정체성은 민족차별 평균에 음의 영향을 주고 있는 것으로 나타났다. 이를 해석하면, 일계인의 민족정체성은 혼합형 정체성이 강할수록 민족차별을 강하게 느끼는 것으로 보인다. 반면, 일계인들이 일본인 정체성이 강할수록 민족차별을 약하게 느끼는 것으로 나타났다. 결과적으로 일계인들이 일본에서 민족차별을 느끼는 경우 일본인이나 일계인 정체성을 선택하기보다는 생존전략으로서 혼합형 정체성을 선택하는 것으로 생각된다.

5) 일계인의 민족정체성 형성과정과 유형

일본에서 일계인의 민족차별에 따른 정체성의 형성과정을 보면 일계인 1세와 일계인 2세의 정체성은 〈그림 5.2〉에 제시한 바와 같이 향후 상당히 다른 양상으로 전개될 것으로 보인다. 일계인 1세들의 경우 브라질에서 일본으로 도일하기 전에는 일본에 대한 호의적 이미지가 강하기 때문에 일본인의 정체성을 지향하는 경향이 강하고 브라질에 대해서는 부정적인 이미지가 강할 것으로 생각된다. 반면 도일 후에는 일본사회에서 각종 민족차별경험으로 인하여 일본에 대한 부정적인 이미지가 강하고 브라질에 대해 호의적인 이미지가 강화된 것으로 나타났다.

결국 일계인 1세의 경우 일본이나 브라질에서 일계인으로서의 민족정체성은 변함이 없겠지만 향후 일본에 정착할 경우 일본인도 일계인도 아닌 '자기정체성'을 더욱 강하게 주장하게 될 것으로 생각된다. 이러한 일계인의 자기정체성은 도일 전에는 일본인의 자손인 '일계인'으로서 성향이 강하지만 도일 후 일본인과는 저항적 개념으로서 브라질로부터 도일한 일계인과 비일계인을 포함하는 '브라질인'이라는 이중정체성을 형성하게 될 것으로 생각된다. 그러나 일본생활이 장기화됨에 따라 결국 일계인들은 일본인과 일계인 중 어느 쪽도 속하지 않는다는 현실에 직면하여 일계인만의 '자기정체성'을 주장하게 될 것으로 보인다.

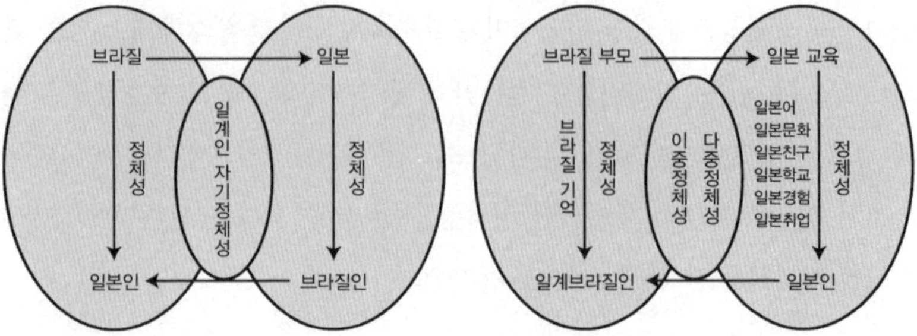

그림 5.2 일계인 1세의 자기정체성과 일계인 2세의 이중정체성 구조

그러나 여기에서 일계인 자녀인 일계인 2세들은 향후 어떤 정체성을 형성하게 될 것인가에 대해 생각해볼 필요가 있다. 일본에서 태어나 생활하게 된 일계인 2세들은 일본사회의 적응과정에서 일본어를 사용하고 일본인 학생들과 거의 유사한 생활문화를 경험하게 된다. 일계인 2세들은 브라질문화를 직접 경험하지 못한 세대로 그들 부모로부터 간접적으로 듣고 경험한 브라질문화에 대한 추억이 있을 뿐이다. 따라서 그들은 일본인이라는 정체성을 주장하게 될지도 모르지만 대부분 브라질인 혹은 일본인이라는 이중정체성(다중정체성)을 형성하게 될 것으로 생각된다.

이상의 연구에서 고찰한 결과에 따라 일계인의 민족정체성을 분류하면 다음 〈표 5.8〉과 같이 제3유형으로 정리할 수 있을 것이다.

현지에서 수집된 인터뷰 자료를 바탕으로 구체적으로 일계인의 정체성 유형을 살펴보면 제1유형은 일본이나 브라질에서 자기 정체성을 일본인으로 지향하는 일본인 정체성이다. 1990년 전후 도일하여 일본 시즈오카 현에서 일계인 대상 슈퍼마켓을 운영하고 있는 60대 S씨는 일본생활 20년을 초

과하였다. 그는 일계인의 일본인 정체성 지향의 필요성에 대하여 다음과 같이 언급했다.[13]

표 5.8 일계인의 민족정체성 유형

정체성 유형		일계인 민족정체성
제1유형	일본인 지향 정체성	일본이나 브라질에서 일본인 정체성
제2유형	일계인 지향 정체성	일본이나 브라질에서 일계인 정체성
제3유형	혼합형 정체성	일본정착 지향의 자기 정체성 일본인과 브라질인이라는 일계브라질인으로서의 이중정체성(다중정체성)

"1990년 이후 일계인들이 일본사회에 정착하기 시작하면서 일본정부가 생활지원도 해주고 생활보호 대상자로서 특별한 직업 없이 생활이 가능하게 되었다. 일본어를 못해도 취업이 가능하지만 일계인들은 힘든 일을 싫어하고 게으르기 때문에 취업을 하지 않는다. 일본에 돈 벌이하러 왔으면 근면성실한 일본인의 문화를 배워야 하고 철저히 일본사회에 융합될 필요가 있다."

즉, 그는 일계인들이 일본에 왔으면 일계인의 생활문화를 고집할 것이 아니라 도일목적을 달성하기 위하여 조상들이 일본인이었으니까 일본의 모든 문화와 규칙에 따르고 필요하면 다시 일본 국적으로 귀화도 해야 한다고 주장하였다.

제2유형은 일본이나 브라질에서 자기 정체성을 일계인으로 강조하는 일계인 정체성이다. 군마 현에서 일계인을 대상으로 브라질식당을 운영하는 H씨는 다음과 같이 언급했다.[14]

---

13 일계인 세르비쓰 마쓰코 일계인 슈퍼마켓 및 빵집운영, 2014년 2월 21일(금) 인터뷰.

14 일계인 아사노 겐지 PAULLO'S LISTORANT 운영, 2014년 2월 22일(토) 인터뷰.

"저는 90년대 초기 도일하였는데 일본에 친척이 많이 살고 있어서 일본에 왔습니다. 처음에는 친척들이 너무 반갑게 맞아주고 만나고 싶어 일본 친척집을 방문했습니다. 그런데 나중에는 친척들이 왜 우리를 만나러 왔느냐고 묻더군요. 혹시 돈이 필요해서 만나려고 하느냐고 해서 너무 슬픈 적이 있습니다. 나중에 일본 친척들은 아무도 반겨주지 않는다는 사실을 알게 되었습니다. 결국 우리는 일본에 돈을 벌기 위해 온 일계인 일뿐이라는 것을 느꼈습니다. 일본정부도 처음에는 자기들 조상으로서 일계인들을 우대하는 것처럼 보였지만 결국 다른 외국인들과 똑같이 우리들을 재일외국인 취급을 하더라고요. 일본정부가 필요해서 우리를 노동자로 불렀으면 끝까지 책임지는 자세가 필요한데 지금 와서 필요 없으니 모국으로 돌아가라고 하는 등 일본 정부는 아무런 책임을 지려 하지 않습니다. 그래서 우리 일계인들은 다른 외국인 이주노동자와 연대해서 외국인차별 투쟁을 벌이고 있습니다."

인터뷰조사 결과를 보면 일계인들은 브라질에서는 그들만의 민족정체성 유지를 위해 일본인으로서 민족정체성을 강조하지만 일본에서는 생존하기 위한 전략수단으로서 일계인이라는 정체성을 강조하고 있는 것으로 나타났다.

제3유형은 일본인도 일계인도 아닌 제3의 혼합형 정체성, 혹은 일본인이자 동시에 일계인의 정체성이라는 이중(다중)정체성을 말한다. 동경에서 생활하고 있는 일계인 A씨에게 자기의 정체성이 일본인인지 아니면 일계인에 가까운지 질문한 결과 다음과 같은 매우 흥미로운 대답을 했다.[15]

"초국적인 글로벌시대 민족정체성의 경계는 상당히 애매하다고 생각합니다. 제가 딱히 어떠한 민족정체성을 가지고 있다고 말하기 어렵다는 것입니다. 만약 저에게 민족정체성을 묻는다면 저는 100% 일계인이자 100% 일본인이라고 말하고 싶습니다. 저는 분명 조상이 일본인이

15 일계인 안젤로 이시이, 2014년 2월 20일(목) 인터뷰.

고 일계인으로서 도일했지만 초국적인 민족정체성을 가지고 있다고 생각하며 어느 한쪽의 민족정체성에 속해 있다고 생각하지는 않습니다. 이러한 민족정체성은 그것이 저의 장점이자 단점이기도 합니다만 현재로서는 장점이 훨씬 더 많습니다."

즉 이러한 인터뷰조사 결과는 일계인들이 자신의 민족정체성을 100% 긍정도 부정도 아닌 초국가적인 글로벌시대 이중정체성, 혹은 다중정체성을 지향하는 것으로 볼 수 있을 것이다. 이상과 같이 면접조사에서 살펴본 바와 같이 일본 현지에서 생활하고 있는 일계인의 민족정체성은 그들 모국 브라질에서의 삶, 일본에서 차별경험에 의해 일본인(귀화) 지향형, 일계인 지향형, 이중정체성(혼합형)등으로 정리할 수 있을 생각된다.

4. 일계인의 초국적 정체성

이 장의 목적은 1990년대 전후 도일한 일계인 노동자들이 2008년 금융위기를 계기로 대량 브라질로 귀국하게 되었고 그 과정에서 민족정체성의 재편성을 가져오게 된 원인을 규명하는데 있었다. 종래 연구에서는 일계인 노동자의 브라질 귀국배경에 대하여 리먼쇼크로 인한 실업문제가 가장 큰 설득력을 얻었지만 이 연구에서는 민족차별에 따른 그들 민족정체성의 재형성 과정을 살펴보았다.

연구결과를 도출하기 위한 연구방법으로서는 2014년 2월 일본현지조사를 바탕으로 수집된 일계인 대상의 면접조사와 설문조사자료를 분석하였다.

에릭슨(Erikson, 1957)에 의하면 인간의 자기정체성은 자기일치성, 목적동일성, 이타적 동일성, 심리사회적 동일성의 종합으로 형성되며 이들 중 어느 것 하나가 부족하거나 결핍될 경우 정상적인 정체성 형성이 어렵다고 보았다. 본 연구에서는 일계인의 정체성이 자기일치성과 목적동일성이 일치한다고 하더라도 거주국에서 이타적 동일성과 심리사회적 동일성의 거부나 거절(혹은 민족차별경험)에 의해 어떤 민족정체성이 형성되었는지를 살펴보았다.

연구결과를 살펴보면 다음과 같다.

첫째, 일계인 노동자의 인구통계학적 특성에 따른 민족정체성의 평균의 차이를 살펴보면 연령별, 교육수준별, 연수입별, 가족경제활동인구별, 체류자격별, 세대구분별로 통계적으로 유의미한 차이가 있는 것으로 나타났다. 기타 항목에서는 통계적으로 유의미하지 않았다.

둘째, 일계인의 민족정체성은 도일 전 브라질에 거주할 때는 모국신화에 따른 일본인의 정체성을 지향하고 도일 후 일본에 거주할 때는 일본사회의 민족차별경험으로 인하여 일계인의 정체성을 지향하는 것으로 나타났다.

셋째, 요인분석결과 일계인의 민족정체성은 '일본인 정체성', '일계인정체성', '제3의 혼합형정체성'을 지향하는 것으로 나타났다.

넷째, 상관분석결과 일계인들이 일본사회에서 민족차별 인식을 강하게 느낄수록 민족정체성에 대한 인식도 강하게 나타났다. 즉 일계인의 민족정체성은 일본사회의 일계인에 대한 감정적 차별, 문화적 차별, 민족적 차별을 강하게 느낄수록 민족정체성이 강화되는 것으로 나타났다.

다섯째, 회귀분석결과, 일본에서 일계인들이 여러 가지 민족차별 중에서도 문화적 차별이 민족정체성 형성에 가장 큰 영향을 미치는 것으로 나타났다. 즉 일계인들은 일본에서 문화적 차별을 당하고 있다고 생각할수록 일계인만의 민족정체성은 더욱 강화된 것으로 나타났다.

결론적으로 일계인의 일본 귀환에 따른 민족정체성의 형성은 브라질에서 태어나 자란 일계인 1세들은 도일하기 전 일본인의 자손이라는 모국신화에 따른 일본인이라는 민족정체성이 강하지만 점차 일본사회에서 민족차별을 경험함으로서 일계인으로서의 민족정체성을 자각하게 되는 것으로 나타났다. 반면 일본에서 태어나 모국브라질을 직접 경험하지 못한 일계인 세대들은 부모로부터 간접 경험에 따라 그들의 민족정체성은 이중정체성 혹은 다중정체성을 형성하게 될 것으로 예상된다.

VI

맺음말

이 책은 중점연구 제2단계 2년차 연구성과물로 해외일계인의 초국가성과 다중정체성을 분석하는 데 역점을 두었다. 이 책의 내용은 일계인들이 모국 혹은 현지 거주국을 떠나 다른 나라로 이주와 재이주를 거듭하는 가운데 일본 현지 이주사회에서 형성된 초국적 이동에 따른 다중정체성을 중심으로 조사한 자료를 바탕으로 구성하였다. 구체적으로는 일계인들이 현지 거주국에서 경험하는 차별배제와 이에 따른 다중정체성의 형성과정을 살펴보았다.

이 책에서 사용된 자료의 수집 및 연구방법으로는 일계인 대상 및 집거지역을 중심으로 동경, 요코하마, 나고야, 오사카, 시가 현, 후쿠오카 등지의 일계인 집거지, 문화시설, 학교시설, 일계인 해외이주자료관을 중심으로 설문조사 및 면접조사를 실시하였다. 또한 일계인 자료수집을 위한 방문기관은 요코하마 일계인해외이주자료관, 일계인박물관, 해외일계인협회, NPO 법인ABC저팬, 국제교류센터, 커뮤니티 공생센터, 나고야 오수지역 및 시가 현 코사이초(滋賀県甲西町) 거주 일계인을 대상으로 원자료 및 문헌자료를 수집하여 분석에 활용하였다.

이 책의 중심내용은 중점연구 제2단계 2년차 일계인 다중정체성과 초국가성 관련 자료수집을 통해 일계인 다중정체성 및 초국가성 관련 기초조사(설문조사 및 구술자료 채록), 일계인 정체성 및 모국과의 관련성, 일계인 이주 및 노동자의 초국가성 등을 중심으로 기술되었다. 구체적인 분석자료는 일본 거주 일계인 디아스포라를 대상으로 일본 요코하마 해외이주자료관, 요코하마 시 쓰루미구 국제교류관, 시즈오카 현 하마마츠시 일계인집거지, 나고야 오수 지역 및 9번 단지를 방문하여 일계인대상 설문조사 250부, 인터뷰조사 15명, 사진자료 200장, 단행본 7권 및 기타 낱장자료 20여장 등을 수집하여 일계인의 초국가성과 다중정체성에 대한 분석자료로 활용하였다. 이 책의 분석결과 및 중점내용은 다음과 같다.

첫째, 기존연구를 통해 초국적 이주(Transnational)가 일계인의 정체성(Identity)에 미치는 영향에 대해 이론적 배경을 살펴본 결과, 이동과 정체성은 직간접적 관련성을 가지고 있는 것으로 나타났다. 초국가시대 정체성의 다양한 출현사례로서는 중국조선족과 일계인의 초국적 정체성의 역사적 변천과정에 주목하여 살펴보았다. 글로벌시대 민족의 초국적 이동은 인종과 문화의 충돌로 인해 그들 특유의 정체성에 혼란을 초래하거나 이를 통해 아예 새로운 정체성을 재생산하려는 움직임이 항상 존재하고 있는 것으로 나타났다. 결국 초국적 정체성이란 개인의 생물학적 특성이든 민족의 추상적인 개념이든 자기결정의 주체성과 감정이나 의지에 따라 끊임없이 반복 재생산되고 있는 것으로 나타났다. 이는 특히 글로벌시대 초국적 정체성의 가변성과 유동성에 따른 민족정체성의 다양성을 초래하였다. 그리고 이러한 초국적 정체성의 역할은 개인과 집단의 강약, 분리와 통합, 새로운 집단의 형성과 유지 등과 직접적인 관련성을 가지고 출현하거나 존재하는 것으로 나타났다.

둘째, 이 책에서 중점적으로 다루고 있는 일계브라질인의 기존연구를 통한 이론적 논쟁점을 검토하였다. 또한 일계인의 정체성이 사회적으로 어떤 과정을 거쳐 형성되었는지 사회적 정체성 이론에 대하여 살펴보았다. 사회적 정체성의 개념은 개인의 자기개념의 일부로 어느 사회적 집단의 성원이라도 개인의 지식에 의해 유래되며 그 집단의 성원과 결합된 긍정적 혹은 부정적 가치를 의미하기도 한다. 결국 일계인들은 초국적 이동에 의해 그들의 정체성이 매우 다양하고 복잡한 의미를 함의하게 되었으며 그들이 놓여있는 상황변화에 따라 끊임없이 새로운 정체성이 출현한 것으로 가정할 수 있다.

셋째, 초국적 이동의 시대 일본정부의 일계인 민족교육정책과 이를 통한 다중정체성 형성과정을 살펴보았다. 재미일계인, 일계브라질인, 파라과이 일계인의 정체성 사례를 살펴본 결과, 재미일계인 이민1세대의 경우 학업이 목적이 아니라 이민의 목적으로 한 도미였기 때문에 미국의 학교교육보다는 그들에게 필요한 영어, 사회도덕이나 생활 습관 등 대부분 듣고 배우거나 미국에서 학업을 마친 일본인 선배나 교회목사 등 일본식 사숙이나 교회 내의 테라코야(寺子屋)교육에 의존하였다. 일본어교육에 관련해서는 현지 일본인

기업이나 유지에 의존한 일본어학원을 경영하거나 개인의 비영리사업으로 학교를 경영하는 경우가 대부분이었다. 해외 일본인 교회나 일본인회관은 일계인사회의 중심이 되었고 일본어 학원은 일본어를 가르치는 학문의 장이 됨과 동시에 일계인의 문화적 중심지로서 역할을 수행하였다.

일본정부에 의한 브라질의 전전 일본어교육은 이민자의 식민지 집중을 계기로 일본귀국을 준비하는 교육으로서 시작되었다. 전후 일본의 실상이 브라질일계인 사회에 알려지면서 전재(戰災)에 매우 황폐해진 일본에의 지원이 힘들었고 일본으로의 귀국은 도저히 생각할 겨를조차 없었다. 여기에서 이민자녀에 대한 교육의 생각도 바뀌어 갔다. 일계인들은 브라질 사회의 적응과 성공이 제일의 목표가 되었고 브라질 학교를 제일로 하는 일본어교육 불용론(不用論)이 등장하기도 했다. 전후 재개되었던 학교는 이미 '일본인학교'가 아니라 일본어를 가르치는 '일어학교'가 대부분이었다. 브라질에서 일본어 교육을 수행하는 일본어학교는 1980년대 후반부터 증가해 왔다. 브라질 공립학교체계 가운데 일본어가 제2외국어의 하나로 포함되어 있는 것은 상파울로 주(CEL) 파라나 주(CELEM), 산타카타리나 주(CELE) 등으로 외국어 표현의 새로운 기회 제공, 학교 커리큘럼의 충실화 및 현대 이문화 이해를 목적으로 한 것이었다.

일본정부의 전전 파라과이 해외민족교육은 문부성으로부터 교원이 파견되는 경우가 많았고 국정교과서사용, 교육칙어를 기초로 한 교육을 기본방침으로 정했다. 또한 학교에서는 철저한 일본정신·일본어교육의 실시가 강조되었다. 1945년에는 파라과이 정부가 일본어교육을 폐쇄했기 때문에 이후 수년간은 테라코야(寺子屋)형식의 교육이 이루어졌다. 파라과이 일계인의 일본어능력은 남미 일계인사회에서 수준이 높다고 평가되고 있다. 파라과이에는 5개 지역의 일계이주지가 현재까지도 계속 잔존하고 있고 일계인에 의한 강력한 결속을 갖는 커뮤니티의 존재, 각 이주지의 일본어학교 존재로 일본문화지향이 높은 것으로 알려지고 있다.

일본인학교는 일본인 이민에 있어서 큰 과제의 하나였고 학교는 교육의 장으로서 만이 아니라 '일본'이나 '일본문화'를 재생산하는 장소의 역할을 수행하였다. 이들 일본인학교는 일본문화의 행사나 습관을 아이들에게 배우게 하는 것을 교육의 중심으로 삼았고 그것은 각 학교의 '교육목표'에도 잘 나타나 있다. 교육목표에는 '일본문화', '일본의 뛰어난 문화', 일반적으로 일본인의 특징이라고 인식 되고 있는 단어(협조성, 책임감, 근면성 등)들이 포함되어 있는 경우가 많은 것으로 나타났다.

넷째, 일계브라질인의 일본정착과정에서 나타난 민족차별유형과 사례에 대하여 일본 나고야 시에 거주하는 일계인을 대상으로 그들의 이주정착과정에서 나타난 차별배제 의식과 차별유형을 고찰하고 시사점을 도출하였다. 특히 일본에서도 일계인들이 가장 밀집되어 있는 집거지역인 요코하마시 쓰루미구(横浜市鶴見区), 시즈오카 현 하마마쓰시(静岡県浜松市) 거주 일계인을 대상으로 면접조사를 실시하였으며 나고야시 오수(名古屋市大須)지역에 거주하는 일계인을 중심으로 설문조사를 실시하여 차별배제에 대한 의식을 분석하였다. 분석결과, 일계인들이 일본사회에서 느끼는 가장 큰 차별배제의 유형은 일계인을 위한 문화시설의 부족과 외부사회와의 정보단절이었다. 현재 이러한 일계인사회의 정보수요를 해결주고 있는 기관이 일계인 교회였으며 일계인들의 일본사회 적응과 정착에 매우 중요한 역할을 담당하고 있는 것으로 나타났다. 향후 연구에서는 일계인의 사회문화적응에 중요한 역할을 담당하고 있는 교회의 기능, 그리고 일계인 1세의 동화정책에 따른 문화적응전략, 일계인 2세들의 브라질과 관계 등에 주목할 필요가 있음을 제시하였다.

다섯째, 일계인의 민족차별에 따른 민족정체성의 형성 과정을 살펴보았다. 일계인의 초국적 귀환이주에 따른 민족정체성의 형성은 브라질에서 태어나 자란 일계인 1세들의 경우 도일하기 전 일본인의 자손이라는 모국신화에 따른 일본인이라는 민족정체성이 강하지만 점차 일본사회에서 민족차별을 경험함으로서 일계인으로서의 민족정체성을 자각하게 되는 것으로 나타났다. 반면 일본에서 태어나 모국브라질을 직접 경험하지 못한 일계인 세대들은 부모로부터 간접 경험에 따라 그들의 민족정체성은 이중정체성 혹은 다중정체성을 형성할 것으로 생각된다.

결론적으로 일계인 디아스포라의 초국가성과 다중정체성에 대한 연구결과, 초국적 이동시대를 맞이하여 일계인 디아스포라의 정체성은 중층적이고 복합적인 다중정체성을 형성하고 있는 것으로 나타났다. 해외일계인의 정체성 형성과정에서 일본어학교는 매우 중요한 역할을 담당하고 있었는데 학교에서는 일본어뿐만 아니라 일본문화를 전수하고 이민 역사가 오래된 곳에서는 계승어로서의 민족어교육으로 점차 전환되고 있는 것으로 나타났다. 향후 연구에서는 이러한 연구결과를 토대로 한중일 디아스포라의 초국가성과 다중정체성 형성과정과 전략 등을 비교 연구하는 것이 중요할 것으로 생각된다.

흔히 유럽인은 식민지를 만들면 그 땅 주변에 교회를 짓고, 일본인은 학교를 짓는다고 한다. 일본인들은 이주지에 학교를 설립하고 이를 통해 일본정부의 교육칙어를 교육의 기본방침으로 정하고 일본어교육, 일본정신, 일본문화를 재생산하는 민족교육의 장으로 삼아 민족정체성을 형성하고 계승시켜나갔다. 일계브라질인의 경우 일계인들이 일본사회에서 느끼는 가장 큰 차별배제의 유형은 일계인을 위한 문화시설의 부족과 외부사회와의 정보단절이었다. 현재 이러한 일계인사회의 정보수요를 해결주고 있는 기관이 일계인 교회였으며 일계인들의 일본문화 적응과 사회정착에 매우 중요한 역할을 담당하고 있는 것으로 나타났다.

| 참고문헌 |

강수옥(2013), 「중국조선족의 역사적 형성과 정체성」, 『디아스포라 연구』7(1).

김강일(2010), 「조선족의 정체성과 향후 역할에 관한 연구」, 『동북아공동체연구회』.

김웅기(2014), 「혐한(嫌韓)과 재일코리안: 재특회(在特会)의 논리에 내포된 폭력성을 중심으로」, 『日本学報』94, pp. 418-432.

김호웅(2010), 『중국조선족과 디아스포라』 2010년 2월 18일 한국방송통신대학교 재외한인학회포럼 발표논문.

이제환(2006), 「在日韓人의 정보 빈곤에 관한 연구」, 『한국문헌정보학회지』40(2), pp. 33-58.

이제환 · 김연옥(2005), 「재일한인의 정보행태에 관한 연구」, 『韓国民族文化』26, pp. 357-384.

임영언(2011a), 「일계인디아스포라 브라질 이주사와 전시 문화콘텐츠 고찰」, 『日本文化学報』 50, pp. 345-367.

임영언(2011b), 「일계인(日系人)디아스포라의 귀환과 브라질타운형성에 관한 연구: 군마 현 오이즈미마치 일계브라질인타운을 중심으로」, 『한국동북아논총』16(4), pp. 267-291.

임영언외(2013), 『일계인 디아스포라: 초국적 이주루트와 글로벌 네트워크』, 서울: 북코리아.

임영언(2014), 「하와이 거주 일계인의 에스닉 산업 전개와 공동체 형성에 관한 연구」, 『日本文化学報』60, pp. 335-358.

임영언 외(2016), 「일계인의 모국연계와 민족정체성 지향에 관한 조사 연구」, 『일본문화연구』58, pp. 283-306.

상파울로신문, 2012년 4월 27일자 보도(http://www.saopauloshimbun.com/index.php/conteudo/show/id/8660/cat/105(검색일: 2015. 01.19.)).

일본외무성홈페이지(http://www.mofa.go.jp/mofaj/toko/tokei/hojin/09/pdfs/1.pdf(검색일: 2015.01.17.)).

황유복, 2014. "조선족 정체성에 대한 담론"(http://cafe.daum.net/kctown/mVIw/121?q(검색일: 2017.07.30.)).

アルベルト・メルッチ、山之内靖訳(1997),『現在に生きる遊牧民(ノマド)ー新しい公共空間の創出に向けてー』. 岩波書店。
内海寛治(1989),『パラグアイの日本語教育』, p.12.
エリク・H・エリクソン、近藤邦夫訳(1981),『現具と理性』. みすず書房。
江原裕美(2007), 「ブラジルにおける日本語教育の現状と課題」, 『帝京大学外国語外国文学論集』(13), pp. 25-62.
岡本祐子(2002),『アイデンティティ生涯発達論の射程』. ミネルバ書房.
王昊凡(2008), 『多文化主義をめぐる公共性の問題に関する一考察』. 2008年度名古屋大学学生論文コンテスト優秀賞受賞。
加藤新一編(1961),『日米修好百年祭記念米國日系人百年史』新日米新聞社, p.119.
梶田孝通・丹野清人・樋口直人(2005), 『顔の見えない定住日-日系ブラジル人と国家・市場・移民ネットワーク-』, 名古屋大学出版会, pp. 17-21.
小内透編(2009), 『講座トランスナショナルな移動と定住第一巻在日ブラジル人の労働と生活』, お茶の水書房, pp. 165-182.
小林真生(2013),『レイシズムと外国人嫌悪』, 明石書店, pp. 166-169.
国際交流基金(2003),「海外の日本語教育の現状日本語教育機関調査・2003年」,『ブラジルの日本語教育－初等・中等・高等教育の学校と講座－』p. 1.
国際協力機構(2007),『JICA事業実績書1954年~2006年の実績』.
国際協力事業団(2001),『2001年度学校要項全パラグアイ日本語学校収録』pp.94-96.
小島勝(2003), 「第２次世界大戦前の在外子弟教育の展開」小島勝編著 『在外子弟教育の研究』pp. 18-20.
サンパウロ人文科学研究所(1988),『ブラジルに於ける日系人口調査報告書1987／1988』, pp. 19-21.
ステュアート・ホール、小笠原博毅訳(1998),「文化的アイデンティティとディアスポラ」,『現代思想』3月号。
辻康夫(2013), 「多文化主義論の書類型の検討ー複合的アプローチに向けてー」, 『法政理論』第45巻第3号。
高田慎二(2009), 「チャールズ・テイラーの思想構造：解釈学から政治理論へ」, 『北大法政ジャーナル』16。
谷冬彦・宮下一博(2004),『さまよえる青少年の心ーアイデンティティの病理ー発達心理学的考察』. 北大路書房.
田中真奈美(2008), "海外生活がアイデンティティに与える影響ーあるアメリカ在住日本人の経験を通しての考察ー."『東京未来大学研究紀要』第1号, 90.

テイラー(1996),「多文化主義・承認・ヘーゲル」,『思想』No.865。
パラナ教育連合会(1988),『二十₩周年史とその後　ひとすじの道』.
濱田国佑(2008),「外国人住民に対する日本人住民意識の変遷とその規定要因」,『社会学評論』59(1), 日本社会学会, p. 110.
畑野快(2010), 「アイデンティティ形成プロセスについての一考察ー自己決定を指標としてー」,『発達人間学論叢』第13号。
樋口直人(2012),「排外主義のミクロ動員過程ーなぜ在特会は動員に成功したのか」,『アジア太平洋レビュー』9, アジア太平洋研究センター, p. 15.
樋口直人(2011),「経済危機後の在日南米人人口の推移ー入管データの検討を通して」,『徳島大学社会科学研究』24, 徳島大学, p.55.
樋口直人(2010),「経済危機と在日ブラジル人ー何が大量失業・帰国をもたらしたのか」,『大原社会問題研究所雑誌』622, 大原社会問題研究所, p. 122.
平岩佐江子(2016),「日系社会における継承語教育の課題と展望—「継承語」概念の比較検討を通して—」,『JICA 横浜海外移住資料館研究紀要』11, pp. 17-37.
ブラジル日本語センター(2004),『2004年度全伯日本語学校要覧(1)』, pp. 180－181。
伯国日語学校連合会(1966),『幾山河(全伯日語教育史)』, pp. 19-21。
伯文化聯盟(1979),『明日へ取り組む』.
西川長夫(2000),「多文化主義とアイデンティティ概念をめぐる二、三の考察ーアイデンティティ論のためにー」,『言語文化研究』12(3)。
丸井ふみこ(2012), 「アイデンティティ研究の動向ー異文化接触・言語との関係を中心にー」,『言語・地域文化研究』18, pp. 193-209。
村上和賀子(2014), 「アメリカ日系移民二世のための日本語教育ー 『米國日系人百年史』からー-」,『人文研紀要』70, pp. 273-274。
村井忠政(2007), 「トランスナショナルな移住とアイデンティティの変容ー日系ブラジル人の＜デカセギ＞現象を事例として」『人間文化研究所年報』、p.23.
村上和賀子(2014),「アメリカ日系移民二世のための日本語教育」,『米國日系人百年史』から, pp. 273-274
森脇礼之(1999),「日本語教育の理念の変遷 II」,『人文研』No.4,
安田浩一(2012),『ネットと愛国ー在特会の闇を追いかけて』, 講談社, p. 4.
パラグアイ日本人会連合会ＨＰより: http://federacion.hp.infoseek.co.jp/escuela/escuelas.html(검색일: 2008. ９.12).
ダン・ ヒンクルマン(Don Hinkelman)・石川園代. 2005. 異文化間コミュニケーション基礎Ⅰ多文化ネット(http://www.ta-bunka.net/info/j.html(rjatordlf: 2015. 01.

17.)).

Burt, Ronald S.(2001), "Structural Holes versus Network Closure as Social Capital," Nan Lin, Karen Cook, and Ronald Burt eds., Social Capital: Theory and Research, Adline de Gruyter, pp. 31-56.

David, Byrne(1999), "Social Exclusion" Buckingham: Open University Press, p. 110.

Erikson, E. H. (1950), "Childhood and Society." NEW YORK: W. W. Norton.

Erikson, E. H. (1959), "Identity and the life cycle." New York : International Universities Press. 小此木啓吾編訳. 1973.『自我同一性』. 誠信書房.

Nicholas H. Smith, Charles Taylor(2002), "Meaning, Morals and Identity" Cambridge: Polity Press, pp. 51-52.

Robert, Moorehead(2014), "OATHS, TESTS, AND SEMI-ADAPTING: TESTING NIKKEIJIN LOYALTY IN JAPAN." 대구가톨릭대학교 다문화연구소 국제학술대회 발표논문집, pp.122-144.

Schuts, 渡辺光・那須壽・西原和久訳(1991),「よそ者ー社会心理学的一試論」Brodersen編『アルフレッド・シュッツ著作集第3巻社会理論の研究』. マルジュ社。

Simmel, 居安正訳(1994),『社会学(下)』. 白水社。

Stuart Hall and Paoul du Gay(1996), "Question of Cultural Identity" London: SAGE Publication.

Will Kymlicka(1995), "Multicultural Citizenship a Liberal Theory of Minority Rights" Oxford University Press.

부 록

日系ブラジル人の衣食住、アイデンティティ、母国関係に関する調査票

本アンケートは、日本で生活している日系人の衣食住、アイデンティティ、母国関係に関する調査のために作成された物です。

本調査の目的は、日本に居住する日系ブラジル人の日本社会における衣食住生活、民族アイデンティティ、母国との関係などを調べ、未来志向的な社会統合のモデルを提示することにあります。

調査結果は、日本に居住する日系人が日本社会で生活するための具体的な定着モデルと移民政策を導き出すため、貴重な資料として活用されます。

本アンケートの応答結果は、全て統計処理され、研究目的以外には絶対に使用されません。また、調査協力者の身分、姓名などの個人情報は全て匿名で処理され、調査過程で入手した個人情報は徹底して保障されます。お忙しいとは思いますが、どうかご協力よろしくお願いします。

2015年 2月

全南大学校 世界韓商文化研究団 林永彦

連絡先: yimye@hanmail.net(T.010-9883-2428)

I. あなた(又はご両親)についての質問です。(該当する事項に✓で表示)

1	性別	① 男性 ② 女性
2	年齢	(満 歳)
3	本人の学歴	① 小学校 ② 中学校 ③ 高校 ④ 短期大学卒業 ⑤ 4年制大学卒業 ⑥ その他( )
4	本人の 職業	① 専門管理職(教授, 医者, 弁護士等) ② 一般管理職(技術者, 教員, 文化芸術人等) ③ 公務員 ④ 事務職(会社員など) ⑤ 販売職(卸小売業など) ⑥ サービス業(洗濯屋、理容室、美容院、食堂、ホテル、旅館など) ⑦ 生産職(製造業、運輸業、印刷業など) ⑧ 農業(林業、水産業、畜産業など) ⑨ 専業主婦 ⑩ 大学生 ⑪ 企業CEO ⑫ 自営業 ⑬ その他( )
5	宗教	① プロテスタント ② カトリック ③ 仏教 ④ その他( )
6	国籍	① 日本 ② ブラジル ③ 無国籍 ④ その他( )
7	法的地位	① 日本国籍取得者 ② 永住者 ③ 定住者 ④ 短期滞在者 ⑤ その他( )
8	世代 区分	① 1世(日本生まれ) ② 1.5世(両親と共に移住) ③ 2世(両親が日本生まれ) ④ 3世(祖父母が日本生まれ) ⑤ 4世(高祖父母日本生まれ) ⑥ その他 ( )
9	居住地	日本居住年及び地域( ) / 日本移住年度(年)
10	ブラジル 居住年数	(年)
11	結婚の有無	① 既婚 ② 未婚 ③ 離婚 ④ 死別 ⑤ その他( )
12	配偶者国籍	① ブラジル人 ② 日本人 ③ その他( )
13	子どもの 教育的支持	① 日本国内の国際学校 ② 日本の日系ブラジル学校 ③ 日本の学校 ④その他( )
14	年収入 (家族全体)	① 200万円 以下 ② 200~400万円 ③ 400~600万円 ④ 600~800万円 ⑤ 800~1000万円 ⑥ 1000万円以上 ⑦ その他( )
15	ブラジル 訪問有無	① 有る ② ない
16	日本語実力	① できない ② 少しだけ ③ 普通 ④ できる ⑤ 上手
17	ポルトガル語実力	① できない ② 少しだけ ③ 普通 ④ できる ⑤ 上手

II. 次は衣食住、文化に関する質問です。(該当する事項に✓で表示)

質問項目	全く そうでない		普通		とても そうだ。
1. 私は着物(キモの)が日本人の伝統衣装だと思う。	1	2	3	4	5
2. 私は着物に対してプライドを持っている。	1	2	3	4	5
3. 私は着物が美しいが、来て出かけるのが不便だと思う。	1	2	3	4	5
4. 私は着物が時代遅れだと思うので、背広を好む。	1	2	3	4	5
5. 私は子供たちが着物を来てほしいと思う。	1	2	3	4	5
6. 私は経済的な余裕がないので着物が着れない。	1	2	3	4	5
7. 私は日系人の祭りが日系人のイメージを高めていると思う。	1	2	3	4	5
8. 私は日系人の祭りが日系人のプライドを高めていると思う。	1	2	3	4	5
9. 私は日系人の祭りが日系人の間で親しさを感じさせると思う。	1	2	3	4	5
10. 私は日系人の祭りが民族文化を維持, 継承するのに役立つと思う。	1	2	3	4	5
11. 私は日系人の祭りが地域の経済発展に役立つと思う。	1	2	3	4	5
12. 私は日系人の祭りが日本人との関係改善に役立つと思う。	1	2	3	4	5
13. 私は日系人の祭りが日系人に対する差別意識を解消するのに役立つと思う。	1	2	3	4	5
14. 私は日系人の祭りが日本とブラジルとのの関係改善に役立つと思う。	1	2	3	4	5
15. 私は日系人の祭りが日本のイメージを高めると思う。	1	2	3	4	5
16. 私は日系人の祭りがブラジル製品のイメージを高めると思う。	1	2	3	4	5

1. あなたの家庭で正月の時作って食べるものは何ですか。

日本伝統食べ物 (　　　　　　　　)

2. あなたの家庭でお盆の時作って食べるものは何ですか。

日本伝統食べ物 (　　　　　　　　)

3. あなたの 家庭で日常生活の中で食べているものは何ですか?

① 日本食べ物

② ブラジル食べ物

③ 日本食べ物 + ブラジル食べ物

④ その他 (　　　　　　　　　　　)

4. あなたの家庭で結婚式・還暦・祭祀の日、特に準備する食べ物は何ですか。(　　　　　　　)

5. あなたは現在日本における住居生活環境についてどのくらい満足していますか?

質問項目	大変 不満足 ←		普通		大変 満足 →
1. 住居費用(家賃など)	1	2	3	4	5
2. 住宅周辺の掃除及びごみの状態	1	2	3	4	5
3. 伝統市場, 大型マートなどご利用与件	1	2	3	4	5
4. 各種社会福祉施設の状態	1	2	3	4	5
5. 病院, 保健所など医療施設の利用与件	1	2	3	4	5
6. 周辺自然環境	1	2	3	4	5
7. 治安, 犯罪など安全有無	1	2	3	4	5
8. 未就学子女の養育環境	1	2	3	4	5
9. 学校, 学院など教育環境	1	2	3	4	5

III. あなたのアイデンティティに対する質問です。（該当する事項に✓で表示）

質問項目	全く そうでない ⟨		普通		とても そうだ。⟩
1. 私は日本語を書ける。	1	2	3	4	5
2. 私は日常生活で日本語を使う。	1	2	3	4	5
3. 私は家族との対話で日本語を使う。	1	2	3	4	5
4. 私は日本の文化に関心が多い。	1	2	3	4	5
5. 私は日本の伝統節句(秋夕、春節、端午)の風習を守っている。	1	2	3	4	5
6. 私は日本の結婚風習を守っている。	1	2	3	4	5
7. 私は日本の伝統料理を好んで食べている。	1	2	3	4	5
8. 私は日系人の伝統行事に積極的に参加している。	1	2	3	4	5
9. 私は日系人の子孫であるという事実にプライドを感じる。	1	2	3	4	5
10. 私は日系人に親近感を感じる。	1	2	3	4	5
11. 私は日系人の歴史的背景に詳しい。	1	2	3	4	5
12. 私は日系人の歴史、伝統、風習などを勉強している。	1	2	3	4	5
13. 私は主に日系人で構成される組織、もしくは社会団体(協会、同郷会など)に積極的に参加している。	1	2	3	4	5
14. 私は日系人に強い所属感を持っている。	1	2	3	4	5
15. 私は知り合いの同士と日系人の歴史や文化について常に話し合っている。	1	2	3	4	5
16. 私は日系人の伝統文化が保存、継承されるべきだと思う。	1	2	3	4	5
17. 日本蔑視や批判発言に対し、大変望ましくないと思う。	1	2	3	4	5
18. 外国から日本蔑視発言がなされると、腹が立つ。	1	2	3	4	5
19. 日本国籍を持っているのがうれしい。	1	2	3	4	5
20. 日本の地域社会での構成員として受け入れられている。	1	2	3	4	5
21. 日本政府の移住民政策に満足している。	1	2	3	4	5
22. 日本の歴史、伝統、風習などに精通するように努力している。	1	2	3	4	5
23. 日本の歴史や文化に詳しい。	1	2	3	4	5
24. 日本の国民として強い所属感を感じる。	1	2	3	4	5
25. 知り合いに日本のことをしょっちゅう話している。	1	2	3	4	5
26. 日系人はみんな日本語を学び、使うべきだと思う。	1	2	3	4	5

IV. 日本社会の適応に関する質問です。(該当する事項に✓で表示)

質問項目	全く そうでない		普通		とても そうだ
1. 私は周辺の日本人と娯楽、趣味生活、ショッピング等を共にする。	1	2	3	4	5
2. 私は周辺の日本人と日常生活の中でお互いに助け合ったりする。	1	2	3	4	5
3. 私は周辺の日本人とお互いにお祝いしたりする。	1	2	3	4	5
4. 私は就職や起業のため実施する教育と活動に常に参加している。	1	2	3	4	5
5. 私は子どもの教育に関連する行事と集会に常に参加している。	1	2	3	4	5
6. 私は資格取得や学歴を高めるため多様な活動に積極的に参加している。	1	2	3	4	5
7. 私は地域奉仕活動に定期的に参加している。	1	2	3	4	5
8. 私が居住している地域の人々は私を地域住民として受け入れている。	1	2	3	4	5
9. 私が居住している地域の人々は私を人格的に尊重している。	1	2	3	4	5
10. 私は現在住んでいる地域の問題に関心を持っている。	1	2	3	4	5
11. 私は現在住んでいる地域でずっと住みたい。	1	2	3	4	5
12. 私は現在住んでいる地域にプライドを持っている。	1	2	3	4	5
13. 私は住んでいる地域の地理をよく知っている。	1	2	3	4	5
14. 私は住んでいる地域にある病院、保健所などを一人で利用できる。	1	2	3	4	5
15. 私は日本文化を習ったように日系人の文化を知らせるのも重要であると思う。	1	2	3	4	5
16. 私は二つの国(日本とブラジル)の文化の長所を生かして生活している。	1	2	3	4	5
17. 私は二つの国(日本とブラジル)の文化を繋げるため努力している。	1	2	3	4	5
18. 私は日本人と真実な友だち関係になれると思う。	1	2	3	4	5
19. 私は日本に対する誤解された情報を持っている日系人に正しく知らせると努力している。	1	2	3	4	5
20. 私は二つの国の文化的な差を批判するよりお互いに理解し合おうとする態度が重要であると思う。	1	2	3	4	5
21. 私は現在住んでいる地域の文化を受け入れるのは当然だと思う。	1	2	3	4	5
22. 私は現在住んでいる地域の生活習慣と文化様式に慣れるべきだと思う。	1	2	3	4	5

V. ブラジルと日本との関係(母国関係)に対する質問です. (該当する事項に✔で表示)

1. あなたは自分のアイデンティティがどこに近いと思いますか?

① 日系人

② 日本人

③ 日系人/日本人

④ ブラジル人

⑤ その他

2. あなたはブラジルについてどのくらい親しみを感じていますか?

① 非常に遠く感じる

② 遠く感じる

③ 普通

④ 親しい

⑤ とても親しい

3. 最近５年の間、ブラジルを訪問した経験は何回ですか?

① 全くない

② ２－３年に1回

③ 毎年 １回 訪問

④ 1年に2−3回訪問

⑤ 用務のある場合、たびたび訪問

4. ブラジルには家族や親戚が住んでいますか?

① はい　　② いいえ

5. 次はブラジルとの関連活動に関する質問です。

質問項目	全く そうでない ⟵		普通		とても そうだ ⟶
1. 日系人の団体や組織が運営するプログラムに子女を入れたことがありますか.	1	2	3	4	5
2. 日系人の団体や組織の中で活動している.	1	2	3	4	5
3. ブラジル選挙に投票したことがある.	1	2	3	4	5
4. ブラジルの政治活動に参加したり、活動したことがある.	1	2	3	4	5
5. ブラジルのドラマや 映画、 K-popを楽しんでいる.	1	2	3	4	5
6. 日系人の祭り, 文化活動に参加している.	1	2	3	4	5
7. ブラジル新聞や雑誌を見たり、インターネットなどを活用したことがある.	1	2	3	4	5
8. ブラジルにいる, 親戚にお金やお土産を送ったことがある.	1	2	3	4	5
9. ブラジルにいる親戚から金やお土産をもらったことがある.	1	2	3	4	5
10. 今後、ブラジルに帰国して暮らしたい.	1	2	3	4	5
11. 日本でずっと続けて滞在するつもりである.	1	2	3	4	5

6. ブラジル政府が推し進める外交移民政策が効果的だと判断していますか?

① 全くそうではない ② そうではない ③ 普通
④ そうである ⑤ 非常にそうである

7. ブラジル政府が推し進める外交移民政策を日常的に接し、判断する材料は何ですか?

① 政策広報紙 ② 言論媒体 ③ インターネット
④ 家族や友人 ⑤ 教師と教科書

8. ブラジル政府が推し進める外交移民政策が、日系人に理解を得ていると思いますか?

① 全く理解してない ② 理解してない ③ 普通
④ 理解している ⑤ とても理解している

9. ブラジル政府による、対日本外交移民政策を進めるにあたって、誰を相手にすべきだと思いますか?

① 政治家　② 政府官僚　③ 学者/専門家

④ 言論　⑤ 一般国民

10. ブラジルの外交移民活動にとって、最も友好国はどちらだと思いますか?

① アメリカ　② 中国　③ 日本

④ ロシア　⑤ その他()

11. あなたはブラジルが押し進めてきた外交移民政策に何点を与えますか。

① 1点　② 2点　③ 3点

④ 4点　⑤ 5点

VI. 最後に、日系人に対する改善事項や日本政府に対する要求事項、希望事項などを自由に記述してください。

(　　　　　　　　　　　　　　　　　　　　　　　　　　　　)

アンケート調査にご協力いただきまして、誠にありがとうございます。

| 찾아보기 |

(ㅇ)

(ㅈ)